KAOSTAN AHENGE

"Global ve bireysel krizin çözümüne kabalistik yaklaşım"

Michael Laitman

ISBN: 978-1-77228-081-4
© Laitman Kabbalah Publishers

YAZAR : **Kabalist Dr. Michael Laitman**
ÇEVİRİ: Laitman Kabbalah Publishers

www.kabala.info.tr

Kapak: Laitman Kabbalah Publishers
Basım Tarihi: 2023

İçindekiler

Yazar Hakkında	6
Kitabın Yapısı	9
Önsöz	10
Giriş	16
Arzu Her Şeydir	19
Tek Sebep Tek Çözüm	19
İnsan Arzusunun Hazza Doğru Gelişimi	26
Hazzın Sınırları	28
Haz Alma Arzusunu Kandırmak	31
Özveri Hayatın Kanunudur	31
Yaşayan Organizmada Hücreler Arası Ahenk	38
Bağlanmışlık Yeni Bir Derecede Hayat Yaratır	39
Egoist Bir Hücre Kanserli Bir Hücredir	40
Bireysel Kolektife Zıttır	41
Başkalarına Yardım Etmek	42
Hayvanlar Arasında Toplu Yaşam	43
Karşılıklı Bağımlılık	44
Yetersizlik ya da Eksiklik Olmasaydı	45
Doğada Her şey Bütünlüğe Doğru Gider	45
Dengeyi Bozmak	47
Bize Ne Haz Verir?	51
Egonun Doğru Kullanımı	54
Dengeyi Yeniden Kurma Fırsatı Olarak Kriz	57
Doğa'nin Yasasina Boyun Eğmek	61
Yaşamın Maksadı	61

Göründüğünden Daha Kolay	69
Uzun Yol ve Kısa Yol	71
Başkalarına Karşı Yaklaşımımızı Değiştirmek Doğa'nın Tamamını Dengeye Getirir	73
Özgürlük Yolu	78
Haz ve Acı	79
Seçim Nerede Devreye Girer?	81
Özgür Seçimimizi Gerçekleştirmek	84
Doğa'yı Taklit Etmek	87
Yeni Bir Yön	89
Hayatın Amacı İçin Her Şey Hazır	92
Nesillerin Evrimi	92
Toplumun Özgeciliğe Yaklaşımı	95
Kendine Güvenen Mutlu Çocuklar Nesli	96
Egoistler ve Başkalarını Düşünen Özgeciler	98
Bütünlük ve Sonsuzluk Gerçeği	102
Realitenin Algılanması	102
Yaşam İçinizdedir	105
Doğa'nın Planı	108
Gözlerimizi Açmak	114
Doğa'yla Dengelenmek	117
Konuşan Seviyede Denge	120

Michael Laitman

Yazar Hakkında

Kabalist Michael Laitman, PhD, Moskova'da bulunan Rus Bilim Akademisi Felsefe Yüksek Enstitüsü'nden felsefe ve Kabala üzerine doktora yapmıştır ve Biyoloji ve Sibernetik Fakültesi St. Petersburg Bilim Enstitüsü'den Bilim Yüksek Lisansına sahiptir.

Bilim adamı ve araştırmacı olarak çalışmalarına ek olarak, Kabalist Laitman son otuz yıldır Kabala çalışıp öğretmektedir. Bir Kabalist olarak, bugüne kadar birçok dile çevrilen otuzu aşkın kitabı ve konuyla ilgili sayısız makalesi yayınlanmıştır.

Kabalist Laitman, Baal HaSulam, diğer adı ile Merdivenin Sahibi, Zohar Kitabı'nın tefsiri Sulam'ın yazarı Kabalist Yehuda Halevi Aşlag'ın ilk çocuğu ve halefi olan Kabalist Baruh Şalom Halevi Aşlag'ın diğer adı ile Rabaş'ın, öğrencisi ve kişisel asistanıydı. Kabalist Laitman, on üç yıl boyunca sadakatle Rabaş'la çalıştı ve ondan Baal HaSulam'ın öğretilerini aldı.

Baal HaSulam, Kutsal Ari'nin halefi ve Hayat Ağacı'nın yazarı olarak kabul edilir. Yehuda Ashlag, bizim neslimizin Kabala çalışabilmesi için yolu açtı. Herkes; Kabala'nın gerçek kaynaklarından, bilgisinden ve kadim Kabalistlerin miraslarından onun yöntemi sayesinde faydalanabilir.

Kabalist Laitman, rehberinin izinden giderek hayatının misyonunu gerçekleştirmeye devam ediyor: Otantik Kabala ilmini dünyaya aktarmak. Rabaş'ın 1991'de vefatından sonra, Laitman, Baal HaSulam ve oğlu Baruh'un öğretilerini uygulayan ve günlük olarak Kabala çalışan ve öğreten bir grup Kabala öğrencisinden oluşan, anlamı Baruh'un Oğulları olan Bney Baruh'u kurdu.

Michael Laitman

Kaostan Ahenge

Zaman içinde, Bney Baruh dünya genelinde binlerce üyesi olan, geniş uluslararası Kabalistik bir gruba dönüşmüştür. Kabalist Laitman'ın dersleri günlük olarak kablolu televizyon ve uydudan, ayrıca internet üzerinden **www.kab.tv** 'den yayımlanmaktadır.

Laitman, ek olarak, amacı Kabala ve bilim hakkında açık, ciddi ve geniş kapsamlı bir söylev geliştirmek olan, Aşlag Araştırma Enstitüsü'nün (ARI) kurucusu ve başkanıdır. Eğitim üzerine geniş faaliyetleri ona Moskova'da bulunan Rus Bilim Akademisi tarafından Ontoloji Profesörü unvanını kazandırdı. Geçtiğimiz yıllarda Kabalist Laitman, "Kabala ve Çağdaş Bilim Üzerine Araştırmalar" konusunda ileri gelen bilim adamlarıyla ortak çalışmalar yapmıştır.

Kabala ve bilimi nasıl hayatına uygun hale getirdiği sorulduğunda şöyle cevap verdi: "Okulu bitirdiğimde hayatın anlamını araştırmamı sağlayacak bir meslek aradım. Bilimsel bir gözlükten Doğa'yı çalışmak, cevabı bulmamda yardımcı olur diye düşündüm. Bu yüzden Bio-sibernetik, yaşam sistemlerini ve onların mevcudiyetlerini dikte eden kurumu araştıran bilim alanı çalışmaya başladım. Nasıl yaşadığımızı inceleyerek, neden yaşadığımızı sonunda bulacağımı ümit ediyordum. Bu, her genç insanın kalbine gelen ancak günlük yaşantının koşuşturmasında yok olan bir sorudur.

Çalışmalarımı bitirdiğimde Leningrad'da bulunan Hematoloji Araştırma Enstitüsü'nde işe başladım. Bir öğrenci olarak bile, organik hücrelerin yaşamlarını nasıl devam ettirdikleri ve her hücrenin nasıl tüm bedene mükemmel bir şekilde entegre olduğu beni hayrete düşürüyordu. Geleneksel olan, hücre yapısının kendisini

Michael Laitman

ve farklı işlevlerini ve hücrenin mevcudiyetinin amacı ve hareketlerinin nasıl tüm organizmaya ilişkileniyor olduğunun araştırılmasıdır. Ancak, tüm organizmanın mevcudiyetinin amacının ne olduğu sorusuna cevabı bulamamıştım.

Bedenin, tıpkı ihtiva ettiği hücreler gibi, daha büyük bir bütünün parçası olduğu kanısına vardım. Ancak bu hipotezi araştırma teşebbüslerim hep reddedildi. Bana, bilimin bu sorularla ilgilenmediği söylendi.

Bunların hepsi 1970'lerde Rusya'da oldu. Hayal kırıklığına uğramış olarak, mümkün olduğunca kısa sürede Rusya'dan ayrılmaya karar verdim. Kalbimi çalan bu araştırmaya İsrail'de devam edebileceğimi ümit ediyordum. Ve böylece 1974'de, dört yıldır "reddedilmiş" (İsrail için Rusya'dan ayrılma talebi reddedilmiş olan kişi) olarak, sonunda İsrail'e vardım. Ne yazık ki, burada bile sadece tek bir hücre ile sınırlı araştırmalara girmeme izin verilmişti.

Realitenin genel sistemini öğrenmek için başka bir yere bakmam gerektiğini fark ettim. Sonuç olarak, felsefeye daha sonra da dine döndüm ve cevapları ikisinde de bulamadım. Uzun arayış yıllarından sonra öğretmenimi buldum; büyük Kabalist, Baruh Şalom Halevi Aşlag yani Rabaş.

Bundan sonraki on iki yılı, 1979'dan 1991'e kadar, Rabaş'ın yanında geçirdim. O benim için "Son Mohikan"; nesiller boyunca takip edilen, büyük Kabalist'ler Hanedanı'na mensup son büyük Kabalist'tir. Bütün bu zaman boyunca onun yanından ayrılmadım, 1983 yılında Rabaş'ın desteği ile ilk üç kitabımı yazdım ve o öldüğünde ondan aldığım bilgiyi geliştirmeye ve yaymaya başladım. Şimdi yaptığım bu çalışmayı o zaman düşündüm; Rabaş'ın yolunun ve görüşlerinin anlaşılmasını doğrudan genişletmek."

Kitabın Yapısı

Bu kitap, Aşlag Araştırma Enstitüsü (ARI) çalışanları tarafından bir araya getirilen, Felsefe Doktoru Kabalist Michael Laitman'ın makale ve derslerinden oluşmuştur. "Kaostan Ahenge" kişisel seviye üzerine yoğunlaşmıştır ve kargaşanın kökünü ve hayatta yaşadığımız kötü durumları açıklar ve bunları nasıl çözebileceğimizi tarif eder.

Michael Laitman

ÖNSÖZ

İnsanlığın derin bir bunalımda olduğu bir sır değildir. Birçoğumuz zaten bunu hissediyoruz. Anlamsızlık, kızgınlık ve boşluk hisleri yaşamlarımızı yutmuş durumda. Ailevi krizler, sorunlu eğitim sistemi, uyuşturucu kullanımı, kişisel güvensizlikler, nükleer savaş ve ekolojik tehdit korkusu, bunların hepsi mutluluğumuzun üzerine kara bulutlar düşürüyor. Yaşamlarımız üzerinde kontrolümüzü kaybetmişiz ve problemler geldikçe onlarla baş edemiyoruz gibi görünüyor.

Hastalığa, doğru teşhis koymanın tedavinin yüzde ellisi olduğu malum bir bilgidir. Dolayısıyla, sorunlarımızı çözmek için önce onların sebeplerini anlamamız gerekir. Başlamanın en güvenli yeri insan doğası ve dünyanın doğasını anlamaktır. Eğer kendi doğamızı ve bizi etkileyen yasaları anlarsak, nerede hataya düştüğümüzü ve içinde bulunduğumuz zor durumları nasıl sonlandıracağımızı biliriz.

Bizi saran doğayı gözlemlediğimizde, Doğa'nın cansız, bitkisel ve hayvansal seviyelerinin tamamının genetik içgüdülerle işlediğini keşfediyoruz. Bu eylemler iyi ya da kötü olarak addedilmez; sadece bunların içlerine aşılanmış kuralları doğayla ve birbirleriyle ahenk içinde izlerler.

Ancak, insanın doğasına bakarsak, aslında Doğa'nın geri kalanından farklı olduğunu görürüz. Başkalarını istismar etmekten zevk alan ve bir başkası üzerine hükümranlık kurmaya çalışan tek yaratık insandır. Sadece insan; eşsiz, diğerlerinden farklı ve üstün olmaktan haz duyar. Dolayısıyla, insanın egoizmi Doğa'nın dengesini bozar.

İnsan arzularının büyümesini takiben, içimizde haz alma arzusu zaman içinde gelişti. İlk göstergesi basit arzularla idi; yemek yemek, üremek ve aile tecrübesi edinmek gibi... Daha ileri arzuların ortaya çıkışı, maddi varlık, ün, egemenlik ve bilgi insan toplumunun ve sosyal yapıların; eğitimin, kültürün, bilimin ve teknolojinin gelişimine sebep oldu. İnsanlık, ilerleme ve ekonomik büyümenin bizleri doyuracağı ve mutlu edeceğine inanarak, gururla ileriye yürüdü. Ne yazık ki bugün bu uzatılmış evrimleşme bir durağanlığa gelmiştir.

Bunun sebebi, alma arzumuzun uzun süre doyurulmuş olarak kalamayacağıdır. Hepimiz en azından bir kez bir şeyi, bazen senelerce, çok istemişizdir. Fakat istediğimizi alır almaz, kısa zamanda haz kaybolmuş, boşluk geri gelmiş ve kendimizi bizi tatmin edeceğini umduğumuz yeni amaçlar peşinde koşarken bulmuşuzdur. Bu süreç hem kişisel seviyede hem de tüm insanlık seviyesinde ortaya çıkar.

Şimdi, binlerce yıldır tecrübe biriktirdiğimize göre, nasıl sürekli mutluluğa ya da hatta temel içsel güvene ulaşabileceğimizi bilmediğimizi kavrıyoruz. Hayretler içindeyiz. İşte bizi yiyen bunalımın ve meydan okumaların temelinde bu fenomen yatıyor.

Dahası; başkalarını harcamak uğruna benmerkezci hazlar aramak için doğal olan, egoist insani tercih zaman içinde yoğunlaşmıştır. Bugün, insanlar kendi başarılarını başkalarının enkazları üzerine inşa etmeye çalışıyorlar. Toleranssızlık, kötülük ve nefret yeni korkunç boyutlara ulaşarak insan türünün varlığını tehlikeye atmaktadır.

Doğayı gözlemlediğimizde, tüm yaratılanların ihsan etme prensibini izlemeleri ya da başkalarıyla ilgilenmeleri için inşa edildiklerini görürüz. Bu, insanları motive edenden özünde farklı bir prensiptir.

Organizmadaki hücreler, tüm bedenin devamını koruyabilmek adına karşılıklı verme ile birleşirler. Bedenin içindeki her hücre yaşamsal ihtiyaçlarını alır ve geri kalan enerjisini bedenin geri kalanına bakmak için harcar. Doğa'nın her seviyesinde, birey, parçası olduğu bütünden faydalanmaya çalışır ve bunun içinde bütünlüğü bulur. Özgecil eylemler olmadan beden var olamaz. Aslında, yaşamın kendisi devamlılığını sürdüremez.

Bugün, birçok farklı alanları araştırdıktan sonra bilim, insanlığın da gerçekte tek bir bütün beden olduğu sonucuna varıyor. Problem, biz insanların hâlâ bunun farkında olmayışımızdır. Uyanmalı ve mevcut yaşamlarımızı gölgeleyen problemlerin tesadüfî olmadığını anlamalıyız. Bunlar geçmişten bildiğimiz hiçbir yöntemle çözülemezler. Problemler bitmeyecek, ancak biz yön değiştirip Doğa'nın kapsamlı yasası olan özgecilik yasası ile uyum içinde çalışmaya başlayana dek daha da kötüleşeceklerdir.

Hayatımızdaki her negatif olgu, en özelden en genele kadar, Doğa'nın yasasına uymamaktan kaynaklanır. Yüksek bir yerden atlayıp zarar görürsek, biliyoruz ki yerçekimi kanununa karşı hareket ettik. Öyleyse, şöyle bir durup Doğa'nın yasasını nerede izlemediğimizi görmek için kendimizi incelemeliyiz. Doğru yaşam tarzını bulmalıyız. Hepsi farkındalığımıza bağlıdır: Doğa'nın sistemini ne kadar iyi anlarsak o kadar az acı çekeriz ve o kadar çabuk evrimleşiriz.

Hayvansal seviyede özgecilik, var olma yasasıdır. Ama insan seviyesinde, bu tür ilişkiyi biz kendimiz inşa etmeliyiz. Doğa, kendimizi yeni ve daha yükseltilmiş bir

varoluş seviyesine çıkarmayı bize bırakmıştır. İnsan ve tüm diğer yaratılanlar arasındaki temel fark budur.

İnsanın doğasını değiştirmek hiç de kolay bir iş olmadığından bu kitapta, özgecil ilişkileri nasıl gerçekleştirebiliriz, onu irdeleyeceğiz. Egoist olarak yaratıldığımızdan ve bu bizim doğamız olduğundan, doğrudan egoizmimize karşı gelemeyiz. Öyleyse marifet, her birimizin, birbirimize tek bir bedenin parçalarıymış gibi bağlanması için, diğerlerine karşı tavrımızı egoistçe değiştirtecek, bir yöntem bulmaktadır.

Doğa'nın bizi sosyal varlıklar olarak yaratmış olması tesadüf değildir. Eğer davranışlarımıza derinlemesine bakarsak; her hareketin, bize toplumun takdirini kazandırma niyetiyle yapıldığını görürüz. Bizi ayakta tutan budur ve bunun yokluğu ya da toplum tarafından açığa çıkartılması, bize en büyük acıyı verir.

Utanmak bir insanın yaşayabileceği en korkunç şeydir. İşte bu yüzden toplumun önümüze koyduğu değerlere uyma eğilimindeyizdir. Dolayısıyla, eğer içinde yaşadığımız çevrenin değerlerini değiştirmeyi başarırsak; başkalarını düşünmek, paylaşmak ve merdivenin en üst noktasına dek bağ kurabilmek gibi özgecil değerleri getirirsek başkalarına karşı davranışlarımızı değiştirebiliriz.

Toplum, kişiye, topluma karşı sadakatinden dolayı değer verirse; hepimiz ister istemez toplum adına düşünmek ve hareket etmek için gayret ederiz. Kişisel üstünlüğe verdiğimiz ödüllerden kurtulur ve insanları sadece topluma ilgilerinden dolayı takdir edersek; çocuklar ebeveynlerini bu standartlara göre değerlendirirlerse; arkadaşlar, akrabalar ve meslektaşlar bizi sadece başkalarıyla ne kadar iyi ilişki

Michael Laitman

kurduğumuza göre incelerlerse; hepimiz toplumun takdirini kazanabilmek için başkalarına iyilik yapmak isteriz.

Dolayısıyla zamanla bahşettikleri toplumsal onaya bakmadan, başkalarına karşı özgeciliği ifade etmenin ya da cömertliğin kendi içinde özel ve yüce bir değer olduğunu hissetmeye başlarız. Böyle yaparak, bu davranışın aslında mükemmel ve sınırsız hazzın kaynağı olduğunu görürüz.

Bugünün toplumu egoist olmasına rağmen, Doğa'nın özgecilik yasasına doğru ilerlemeye son derece hazırdır. Eğitim ve kültür her zaman özgecilik yasası üzerine kurulmuştur. Evlerimizde ve okulda çocuklarımıza şefkatli, sevecen ve dost canlısı olmayı öğretiriz. Çocuklarımızın başkalarına iyi davranmasını isteriz; başkalarına karşı böyle bir tavrın doğru olduğunu ve bu yolu izleyenlerin korunduğunu hissederiz. Neredeyse hiç kimse bu değerlere muhalif beyanda bulunmaz.

Ek olarak, iletişimdeki ilerleme sağ olsun, bugün dünyaya yeni mesaj ve değerleri ivedilikle iletebiliriz. Bu, insanoğlunun artan bunalımının ve kapsamlı bir çözüm ihtiyacının farkındalığını yükseltmekte can alıcı bir etkendir.

Mevcut problemlerimiz bizi değişmeye teşvik etse de bundan daha ötesi vardır. Topluma karşı doğru bir tavır inşa ettiğimizde, daha önce bildiğimiz her şeyden daha üstün, tamamen yeni bir var olma seviyesine kabul ediliriz. Bu, daha yüksek bir varoluş formudur; İlahi ve Doğa'nın bütünlüğü ve mükemmelliği hissidir.

Şimdi, nesillerin sayısız kez evrimleşmesinden sonra, Doğa'nın evrim yasasının bizi nereye doğru ilerlettiğini anlayacak gerekli deneyimi biriktirmiş oluyoruz.

14

Michael Laitman

Okuyucuya sunacağımız resim, çağdaş bilimin en son buluşlarıyla birlikte kadim Kabala İlmi'nin üzerine kurulduğu prensiplerdir. Bu kitap bize kargaşayı çözmeyi öğretmeyi ve verimlilik ve başarıya hazırlık yapmayı hedefler. Böylece, Doğa'nın yasasını gerçekleştirmeye doğru ilk gerçek adımımızı atmış oluruz. Sadece o zaman Doğa'nın tek kapsamlı sisteminin parçası olduğumuzu hissedebilir ve onun içindeki mükemmellik ve ahengi tadabiliriz.

Michael Laitman

GİRİŞ

Bu kitap, farkındalığımızda ne gibi bir değişiklik gerektiğini ve neden gerektiğini tanımlayarak insanoğlunun 21. yüzyıldaki durumuna odaklanır. Ancak bunu yapmadan önce insanlığın mevcut durumunun gerçeklerine bir göz atalım. Bu olguları bilmemiz, problemlerimize sunulan çözümü anlamamıza yardımcı olması açısından önemlidir.

Aşağı yukarı son 100 yılda, bilimsel ve teknolojik ilerlemede çok büyük sıçrayış yaptık ve bakıyoruz ki hâlâ birçok alanda yükselen olgulara karşı çaresiz ve şaşkınız. Birçoğumuz hayatımızdan memnun değiliz ve içimizde gittikçe artan güvensizlik, anlamsızlık, kızgınlık ve şiddet hissi bulunmakta. Bu hisler sık sık alternatif doyum araçları olarak hizmet eden sakinleştirici, uyuşturucu ve diğer maddeleri kullanmamıza sebep olur.

21. yüzyılın salgın hastalıkları endişe ve depresyondur. Dünya Sağlık Örgütü (WHO), her dört kişiden birinin yaşamı boyunca bir akıl hastalığından muzdarip olacağını belirlemiştir.

Geçtiğimiz elli yıl içinde, depresyondan muzdarip insan sayısında belirgin bir artış olmuştur. En son bulunan şey de depresyonun giderek daha genç yaşlarda ortaya çıkmasıdır. 2020 yılına gelindiğinde, akıl hastalıkları ve özellikle depresyonun ikinci en yaygın sağlık problemi sebebi olacağı beklenmektedir.

Depresyon, intiharın ilk sebeplerinden biridir. Her yıl, bir milyondan fazla kişi kendi canına kıyıyor ve 10 ile 20 milyon arasında kişi de teşebbüste bulunuyor. İntihar teşebbüsleri genel olarak ve özellikle gençler arasında, yukarıya doğru giden açık bir eğimdedir.

Gelişmiş Batı ülkelerinde intiharlar, çocuklar ve gençler arasındaki ölümlerin en yaygın ikinci sebebini oluşturmaktadır. Sağlık alanında çalışanların çoğu intihar olgusunun toplumun genel sağlıksızlık durumunu yansıttığına inanmaktadır.

Geçtiğimiz yirmi otuz yılda, uyuşturucu kullanımı marjinal bir olgu olmaktan çıkıp, dünyada belli başlı bir mesele haline gelmiştir ve bugün toplumun her seviyesi bundan etkilenmektedir. Bugün gençler arasında uyuşturucu kullanımı da buna benzer bir olgudur, çocukların uyuşturucuyla tanışmaları ilkokul yaşlarına kadar inmiştir.

Amerika'da, hayatları boyunca en az bir kez uyuşturucu kullandıklarını itiraf eden insanların sayısı tüm nüfusun %42'sidir. Avrupa'da, kokain tüketimi rahatsız edici yüksek bir rekor olan 3,5 milyon kullanıcıya ulaşmıştır ki bu sayının içinde kıtanın batı kesiminden yüksek öğrenimli kişilerin sayısı artmaktadır.

Aile kurumu bile düşüştedir: Boşanma, ruh hastalıkları ve aile içi şiddet çok daha sık ortaya çıkıyor. İsrail'de her üç çiftten biri boşanıyor. İsveç'te ve Rusya'da çiftlerin %65'inde boşanma görülüyor. Yoksulluk ve sosyoekonomik uçurumun büyümesi devam ediyor ve her üç çocuktan biri fakir bir ailede büyüyor.

Genç nesil değer ve ideoloji yoksunluğundan muzdarip ve eğitim sistemi hem düşüşte hem de çaresiz. Şiddet ve gençliğe özgü suç işleme artmaktadır ve öğrencilerin %90'ı okul dâhilinde düzenli olarak taciz ve şiddete tanık olduklarını bildirmişlerdir. Benzer bir oranda, öğretmenler de eğitim sistemi içindeki şiddet ve başkaldırmanın üstesinden gelme yoluna sahip olmadıklarını itiraf ediyorlar.

Kaostan Ahenge

Michael Laitman

Aslında, bu olguların yoğunlaşması bizim gözümüze pek de rahatsız edici görünmüyor çünkü onlara alıştık. Geçmişte, bunlara istisnai olarak bakılırdı fakat bugün artık standart oldular. Bu zor durumlarla başa çıkacak araçlara sahip olmadığımızdan, bize verdikleri acıyı azaltmak için onların varlığını kabul ediyoruz. Bu, içimizde gelişmiş olan doğal bir savunma mekanizmasıdır, ancak işlerin şimdikinden farklı ve gerçekten de daha iyi olamayacağı anlamına gelmez.

Editör

Michael Laitman

Kaostan Ahenge

Arzu Her Şeydir
Tek Sebep Tek Çözüm

Önsözde yazdığımız gibi, hepimiz zaten global ve kişisel seviyede gözler önüne serilen bunalımı hissediyoruz. Aslına bakarsanız, bu bunalım tüm doğayı kuşatmaktadır: Cansız, bitkisel, hayvansal ve insan toplumunu. Dolayısıyla, belirli alanlarla ilgilenmek yeterli değildir; problemin kökünü saptayıp onları düzeltmekle meşgul olmamız gerekmektedir.

Kitabın bu bölümü tüm negatif olguların arkasında tek bir sebep olduğunu gösterecektir. Bu sebebi anladığımızda, kapsamlı tek bir çözüm bulabileceğiz.

İnsanın doğası ve dünyanın doğasından bildiklerimizle başlayacağız. Eğer bunlarla ilgili daha iyi bir anlayış edinirsek, tüm kuralları ve incelikleriyle, nerede hataya düştüğümüzü görebiliriz. Dolayısıyla, hem öncelikle hayatımızdaki kötü koşullara son verebilir, hem de sonrasında daha aydınlık bir geleceğe doğru ilerleyebiliriz.

Çeşitli maddeleri incelemek, tüm özün ve her nesnenin başlıca arzusunun mevcudiyetini korumak olduğunu ortaya çıkarıyor. Ancak, bu nokta her maddede farklı ifade ediliyor. Katı maddelerin sınırlarından içeri girmeyi zorlaştıran, sabit ve tanımlı bir şekli vardır, diğerler formlar ise kendilerini hareket ve değişim ile korurlar. Öyleyse, kendimize şunu sormalıyız; her bir nesneyi belli bir tarzda hareket ettiren ve diğer maddelerden ayrılmasını sağlayan nedir? Her bir maddenin özünün eylemlerini belirleyen nedir?

Maddenin davranış tarzı bir bilgisayar ekranına oldukça benzer. Bizler ekrandaki resimden çok etkilenebiliriz, ancak bir bilgisayar uzmanı aynı resmi sadece görüntü noktaları ve renklerin bileşimi olarak değerlendirir. Bu teknisyen sadece resmi yaratan çeşitli parametrelerle ilgilenir. Bilgisayar uzmanları, bu bilgisayar resminin sadece bu güçlerin belli bir bileşiminin suni görüntüsü olduğunu anlarlar. Onlar, daha net, parlak ve keskin bir resim almak için hangi maddelerin düzeltmeye ihtiyacı olduğunu bilirler ve odaklandıkları şey de budur.

Hemen hemen aynı şekilde, realitedeki her nesne ve sistem, insanoğlu ve insan toplumu da dâhil, doğasında var olan eşsiz bileşimleri yansıtır. Ortaya çıkan her tür problemle baş edebilmek için, kişi çeşitli seviyelerdeki madde davranışını anlayarak işe başlamalıdır. Ve bunun olması için bizler maddeyi yaratan ve ona şekil veren doğasındaki güce daha derinden ulaşmalıyız.

Her maddenin ve nesnenin doğasındaki güce genellikle "var olma arzusu" denilir. Bu güç maddenin şeklini yaratır ve onun özelliklerini ve uygunluğunu tanımlar.

Dünyadaki tüm maddelerin temelinde olan var olma arzusunun sonsuz form ve bileşimleri vardır. Maddenin daha yüksek derecesi daha büyük bir var olma arzusunu yansıtır ve maddenin her derecesindeki cansız (durağan), bitkisel, canlı (hayvansal) ve konuşan (insan) gibi farklı arzular onun içinde ortaya çıkan değişik süreçleri şekillendirir.

Var olma arzusu iki prensibi izler:

1) Mevcut şeklini sürdürür, yani var olmaya devam eder

2) Var olması için gerekli hissettiği her şeyi kendisine ekler. Kendisine bir şey ekleme arzusu maddenin farklı derecelerini ayırır. Buna biraz daha yakından bakalım.

Cansız seviye en küçük var olma arzusudur. Çünkü cansızın ihtiyaçları küçüktür ve var olmak için kendisine dışarıdan bir şey ekleme gereği yoktur. Tek isteği mevcut şeklini, yapısını ve özelliklerini korumaktır. Buna ek olarak, yabancı her şeyi reddeder, çünkü tek isteği değişmemektir, bu yüzden "Cansız" ya da "Durağan" denilir.

Bitkisel seviyede daha güçlü bir var olma arzusu vardır. Temelde, cansızın arzusundan farklıdır çünkü bitkisel seviye değişir ve cansız değişmez. Bitkisel seviye, cansız seviye gibi, mevcudiyetini korumak için sabit kalmaz, ancak belli süreçlerden geçer.

Dolayısıyla, bitkisel seviyenin çevreye yaklaşımı aktiftir. Mesela, bitkiler güneşe doğru dönerler ve köklerini rutubet kaynaklarına gönderirler. Bitkisel seviye var olmak için güneş, yağmur, ısı derecesi, nem ve kuraklık gibi çevreye bağımlıdır. Bitkisel seviye, devamlılığını sürdürebilmek için gerekli olan şeyleri çevresinden alır, onları ayrıştırır ve ihtiyacı olan her şeyi bunlardan inşa eder. Sonra kendisine zararlı şeyleri atar ve büyür. Dolayısıyla, bitkisel seviye cansız seviyeden daha çok çevresine bağımlıdır.

Bitkiselin kendine has yaşam dönemi vardır. Bitkiler yaşarlar ve ölürler. Bununla beraber, aynı tür bitkiler aynı kurallarla büyür, çiçek açar ve solarlar. Başka bir deyişle, belli bir türe ait tüm bitkiler aynı şekilde işlev görürler, yani türün bazı elemanlarının kendilerine ait tekliklleri yoktur.

Bir formun var olma arzusu ne kadar büyükse, çevresine hassaslığı ve bağımlılığı o kadar fazladır. Bu bağlantı canlı —hayvansal- seviyede daha açık hale gelir çünkü var olma arzusu bitkiselden daha büyüktür. Çoğunlukla, hayvanlar gruplar ve sürüler halinde yaşarlar. Çok değişkendirler ve sürekli yiyecek ve uygun yaşam koşulları arayışında dolaşıp

21

Michael Laitman

dururlar. Hayvanlar, diğer hayvanları veya bitkileri yerler ve bunlara devamlılıklarını sağlayacak birer enerji kaynağı gözüyle bakarlar.

Hayvansal seviye, kişisel hisler ve duyguları harekete geçiren ve her bir hayvana eşsiz bir karakter veren bir gelişim seviyesi gösterir. Her hayvan çevresini kişisel bir seviyede hisseder, kendisini faydalı çevreye yakınlaştırır ve tehlikeliden uzaklaştırır.

Hayvanların yaşam dönemleri de kişiseldir. Her biri kendi zamanında yaşar ve ölür, yaşam dönemleri yılın mevsimlerine bağlı olan bitkilere benzemez.

Var olma arzusunun en yüksek derecesi insan derecesidir. İnsanoğlu, tamamen başkalarına bağımlı tek yaratıktır ve sadece insan; geçmişi, şimdiyi ve geleceği hisseder. İnsanlar çevreyi etkilerler ve çevre de onları etkiler. Sonuç olarak, biz insanlar hiç durmadan değişiriz ve mevcut halimizden mutlu ya da mutsuz olduğumuzdan değil ama başkalarının farkında olduğumuzdan dolayı onların sahip olduğu her şeye sahip olmak isteriz.

Dahası, başkalarından daha çok şeye sahip olmak isteriz, ya da onların sahip olamayacaklarına, böylece şahsi memnuniyetimizi olduğu kadar durumumuzu da diğerlerine göre iyileştiririz. İşte bu yüzden insanlardaki var olma arzusuna "Ego", "Zevk Arzusu", ya da "Haz ve Zevk Alma Arzusu" denilir ki, Kabalistler de buna "Alma Arzusu" derler.

Baal HaSulam olarak bilinen Kabalist Yehuda Aşlag, bununla ilgili şöyle der: "Alma arzusu başından sonuna kadar yaratılışın tüm maddesidir. Dolayısıyla, sayısız yaratılış, bunların çok sayıda olayları ve onların ortaya çıkmış veya çıkacak idare edilme yolları, sadece alma arzusunun değerlerindeki ölçüler ve değişikliklerdir."

İnsanlar, sadece biraz daha gelişmiş yaratıklar değillerdir; özünde hayvansal dereceden farklıdırlar. Doğumda, insan çaresiz bir varlıktır. Ancak büyüdükçe, tüm diğer yaratılanların üzerine çıkar. Yeni doğmuş bir buzağı ve olgun bir öküzün temel farkı akıllarında değil büyüklüklerindedir. Bununla beraber, bir insan yavrusu gerçekte güçsüz ve çaresizdir. Ama yavaş yavaş yıllar içinde büyür ve gelişir.

Dolayısıyla, hayvan yavrusu ile insan yavrusunun gelişimi çok farklıdır. Bilgelerimiz şöyle der: "Bir günlük buzağıya öküz denir." Yani bir buzağı doğar doğmaz ona öküz gözüyle bakılır, çünkü ona gerekli olan nitelikler büyürken eklenir.

Diğer tüm yaratılanlardan farklı olarak insanların gelişim için senelere ihtiyacı vardır. Bir bebek doğduğunda, hemen hemen hiçbir şey istemez. Ancak büyüdükçe alma arzusu yoğunlaşır ve son derece gelişir. Yeni bir arzu su üstüne çıktığında, bu arzu, insanın doyurmaya zorunlu hissettiği yeni ihtiyaçlar doğurur. Bu yeni ihtiyaçları doğru bir şekilde sağlayabilmek ve yeni arzuyu doyuracak yolları düşündükçe beyin gelişir. Beynin zihinsel ve kavramsal gelişimi, zevk alma arzumuzun yoğunlaşmasının sonucudur.

Çocuklarımızı nasıl büyüttüğümüzü inceleyerek bu prensibin nasıl işlediğini gözlemleyebiliriz. Onların büyümelerine yardım etmek için, meydan okuyucu oyunlar yaratırız ve oyunu başarmak arzusu, onların gelişimlerine yardım edecek yeni baş etme yolları düşündürür. Zaman zaman gelişimlerinin ve ilerlemelerinin devamını sağlamak

Michael Laitman

için oyunu daha da zorlaştırırız. Dolayısıyla, kişi eksiklik hissetmezse asla gelişemez. Sadece bir şey istediğimiz zaman arzularımızı nasıl elde edeceğimize dair kafamızı çalıştırıp uzun uzun düşünürüz.

İnsanoğlunun hem akıl hem de duygulardan oluşmuş olması gerçeği, akıl ve kalp birbirini tamamladığından ve hazza neden olacak şeyleri algılama yeteneğimizi artırdığından, alma arzusunu çoğaltır. Bu sebepten dolayı, irademiz yer ve zaman ile kısıtlı değildir. Örneğin, bin yıl önce olmuş olayları hissedemeyiz, ancak geçmiş olayları anlayabiliriz ki bu da onları hissetme eksikliğimizi telafi eder. Dolayısıyla aklımız sayesinde kendimizi bunları deneyimleyebileceğimiz bir noktaya getirebiliriz.

Bunun tam zıttı da mümkündür: Bir şeyi hisseder ve bunun bizi olumlu ya da olumsuz nasıl etkileyeceğini deneyimlemek istersek olayı aklımızla analiz edip hissiyatımıza ekleyebiliriz. Böylece, akıl ve kalp biz sınırsızlaşana dek yer ve zaman algımızı genişletir. Dolayısıyla, belli bir yer ve zamanda yaşayan bir kişi, daha önce duymuş olduğu bir kişi gibi hareket etmek isteyebilir, bu kişi yer ve zaman olarak çok büyük bir mesafede olsa bile. Bundan dolayı bazen insanlar büyük tarihi şahsiyetler gibi olmak isterler.

Alma arzumuz tatmin edildiğinde bunu haz olarak yaşarız. Arzularımızı doyuramadığımızda boşluk, kızgınlık ve hatta acı hissetmeye başlarız. Bundan dolayı da mutluluğumuz arzularımızın yerine getirilip getirilmemesine bağlıdır. En basitinden en kompleksine kadar yaptığımız her hareket sadece bir şeyi başarmak içindir. Hazzın artırılması ve acının azaltılması. Aslında, bunlar madalyonun iki yüzüdür.

24

Baal HaSulam, Barış adlı makalesinde şöyle der: "Doğa araştırmacıları çok iyi bilirler ki kişi motivasyon olmadan, yani bir şekilde kendisine fayda sağlamazsa en ufak bir hareketi bile yerine getiremez. Mesela, kişi elini sandalyeden masaya koyduğu zaman bile, elini masaya koymaktan daha büyük bir haz alacağını düşündüğü içindir. Eğer kişi böyle düşünmeseydi, hayatının sonuna dek hiç daha fazla efor harcamadan, elini bir santim bile oynatmadan sandalyenin üzerinde bırakırdı."

Doğa'nın geri kalanıyla kıyasladığımızda insanın eşsizliği sadece arzularının gücünde ya da eşsizliğinde değildir. Bu aynı zamanda, hem yaşamı boyunca hem de nesiller boyunca, insanın arzularının sürekli artması ve değişmesi gerçeğindedir. İlkel insanlar gibi diğer türlerin evrim tarihlerini incelemek, birkaç bin yıl önce ilkel insanların da tıpkı bugün yaşayanlar gibi olduğunu gösteriyor. İlkel insanların, Doğa'nın herhangi bir elementi gibi, değiştikleri doğru olmasına rağmen, bunlar biyolojik değişikliklerdir, tıpkı minerallerde oluşan jeolojik değişimler gibi. Bununla beraber, insanoğlu zaman içinde muazzam değişikliklerden geçmiştir.

Michael Laitman

İnsan Arzusunun Hazza Doğru Gelişimi

Arzunun hazza doğru gelişimi insanoğlunda sürekli gelişmek, icat etmek ve yeni şeyler keşfetmek için bir ihtiyaç hissine sebep oldu. Daha yüksek arzu daha büyük ihtiyaçlar demektir ki bu da daha yoğun zekâ ve algılama yeteneği getirir. Alma arzusunun büyümesi insanoğlunun gelişimine şu şekilde yol açmıştır:

Zevk alma arzusu ilk olarak, yiyecek, üreme ve aile gibi fiziksel arzularda kendini gösterdi. Bu arzular insanlığın ilk ortaya çıkışından beri mevcuttur. Fakat insan sosyal bir varlık olduğundan, içimizde "İnsanca Arzular" ya da "Sosyal Arzular" denilen zenginlik, saygınlık, hâkimiyet ve ün gibi ek arzular gelişti. Bu arzular sosyal sınıflar, hiyerarşik sistemler ve sosyoekonomik yapılar getirerek insanlığın yüzünü değiştirdi.

Sonradan, bilgiyi kullanma arzusu geldi. Bu arzular bilimin, eğitim sistemlerinin ve kültürün gelişiminde ortaya çıktı. Bunun ilk izleri Rönesans döneminde görüldü ve Endüstriyel ve Bilimsel Devrimlerde devam ederek günümüze kadar geldi.

Aydınlanma Hareketi'nin büyümesi ve toplumun laikleşmesi bu bilgi arzusunun daha ileri göstergeleriydi. Bu arzu insanın çevresindeki tüm realiteyi anlamasını gerektirdi. Dolayısıyla, insan daha da fazla bilgi arayışına girdi ve her şeyi araştırıp kontrol etmek istedi.

Eğer insanın gelişimini kültürde, bilimde ve teknolojide, arzuların tüm bu süreçlere sebep olduğunu anlama ışığı altında gözlemlersek, gelişen arzuların aynı zamanda tüm fikirlerimizi, keşifleri ve yenilikleri de yarattığı sonucuna varırız. Bunların hepsi sadece bu arzuların yarattığı ihtiyaçları karşılamak için geliştirilmiş teknik araçlar, uşaklardır.

Bu arzunun gelişim süreci sadece tarih boyunca insanlığın bütününde meydana gelmez; her birimizin özel hayatlarında da olur. Bu arzular içimizde teker teker çeşitli kombinasyonlarda yüzeye çıkar ve yaşamlarımızın akışını yönlendirirler.

Aslında, bizi ileriye doğru iten ve bu süreçlerin insan toplumunda görünmesine sebep olan gerçekten kendi zevk alma arzumuzdur. Arzularımızın gelişimi hiç durmaz ve hem şimdiki zamanımızı hem de geleceğimizi planlar.

Michael Laitman

Hazzın Sınırları

Bu dünyada sadece iki felaket vardır: Bir tanesi, kişinin istediğini alamaması, diğeri ise almasıdır. İkincisi çok daha kötüdür; bu gerçek bir felakettir!

Oscar Wilde, Bayan Windermere'in Yelpazesi

Bilgi sahibi olmak, saygınlık, varlık, ya da yiyecek ve seksten alınan zevke baktığımızda, tüm bu durumlarda, en büyük hazzın arzu ve onun doyumunun kısa karşılaşmasında yaşandığı görülür. Arzularımızı tatmin etmeye başladığımız anda haz yok olur.

Bir arzuyu doyurmaktan alınan haz dakikalar, saatler ve günler sürebilir, ama mutlaka söner. Bir şeyi elde etmek için, mesela saygın bir büro gibi, uzun yıllar harcasak bile bir kez elde ettik mi haz hissini kaybederiz. Görünüşe bakılırsa, arzuyu tatmin eden haz aynı zamanda onu sonlandırandır da.

Dahası, haz arzuya nüfuz edip sonradan da ayrıldığı zaman, bu içimizde ilkinden iki kat daha güçlü bir haz alma arzusu doğurur. Bugün bizi tatmin eden şey yarın tatmin etmeyecektir. Fazlasını, çok daha fazlasını isteriz. Dolayısıyla, arzularımızı tatmin etmek sonunda onları arttırır ve onları tatmin etmek için bizi daha büyük çaba harcamaya zorlar.

Bir şeyler elde etme arzusu yok olduğunda, kişinin yaşam hissi ve yaşama gücü yok olur. İşte insan toplumu her üyesine bu şekilde yeni arzular sağlar ki bizi bir başka geçici an için ayakta tutsun. Bununla birlikte, zaman zaman bir an için doyuruluruz ve sonra bir kez daha tüketiliriz, sadece daha da hüsrana uğramak için.

28

Bugünün toplumu bizi hep daha da fazla elde etmeye, bunu yapacak gelirimiz olmasa dahi, neredeyse her şeyi satın almaya sevk eder. Etkin pazarlama, sosyal standartları karşılama ihtiyacı ve kredi bulma kolaylığı bizi gelirimizi çok aşan bir şekilde satın almaya yönlendirir.

Ancak, yeni bir şeyi satın alır almaz, bu yeni şeyi edinme heyecanı sanki hiç olmamış gibi solar gider ama ödemeler bizimle yıllarca kalır. Bu durumda, hayal kırıklığı zaman içinde unutulmaz, daha ziyade çoğalır.

Zenginlik de mutluluk getirmez. Profesör Daniel Kahneman tarafından yönetilen yeni araştırmalar insanın ruhsal durumu üzerinde zenginlik ve fiziksel durum gibi parametrelerin etkisinin, sıradan bir kişinin değerlendirmesi ile araştırmalarda yapılan ölçümlere göre gerçek etkisi arasında muazzam bir uçurum olduğunu gösteriyor. Araştırmalar insanların gün be gün ruhsal durumlarını ölçtü ve zengin ile fakir arasında belirgin bir fark bulamadı.

Dahası, kızgınlık ve düşmanlıklar gibi negatif ruhsal durumlar zenginler arasında daha sık tekrarlanıyordu. Zenginlik ve günlük mutluluk arasında daha güçlü bir bağın eksikliğinin sebebi, rahatlığa ve yeni yaşam standardına çabucak alışmamız ve derhal daha fazlasını istememizdir.

Haz arzusunun sınırlarını Baal HaSulam'ın kelimeleriyle özetleyebiliriz: "Bu dünya istek ve bolluğun boşluğu ile yaratılmıştır. Ve servet elde etmek için hareket gerekmektedir. Ancak, fazla hareket insana acı verir... Bununla birlikte, mal-mülkten mahrum kalmak da mümkün değildir... Sonuç olarak, mal-mülk edinmek uğruna hareket işkencesini seçeriz. Fakat tüm sahip olunanlar sadece kişinin kendisi için olduğundan ve bire sahip olan iki istediğinden, kişi sonunda sadece 'elinde, arzuladıklarının yarısıyla' ölür.

Michael Laitman

Sonunda, insanlar iki taraftan da acı çekerler – hareketin çoğalmasından kaynaklanan acı artışı ve boş olan yarılarını doldurmak için gerek duydukları şeylere sahip olmamanın pişmanlığı."

Açıkçası anlaşılıyor ki haz alma arzusu bizi imkânsız bir duruma sokuyor. Bir taraftan, arzularımız sürekli büyüyor. Diğer taraftan, bize çaba ve hareket olarak çok ağır maliyeti olan bu arzuları sağlamak, bizi iki kat daha boş bırakan, kısa süreli bir doyum veriyor.

Haz Alma Arzusunu Kandırmak

Zaman geçtikçe, insanlık alma arzusunu tatmin etme yetersizliğiyle baş edecek çeşitli yöntemler geliştirdi. Çoğunlukla, bu yöntemler aslında haz alma arzusunu kandıran iki prensip üzerine temellenmişti:

1) Doyurucu alışkanlıklar edinmek
2) Haz alma arzusunu azaltmak

İlk prensip koşullandırma yoluyla alışkanlık edinmeye dayanır. Bir çocuğa ilk olarak belli bir hareketin ödül getirdiği öğretilir. Gerekli hareket yapıldığında, çocuk öğretmenlerin ya da sosyal çevrenin takdirini alarak ödüllendirilir. Çocuk büyüdükçe, ödül yavaş yavaş durdurulur, ama şimdiye kadar bu hareket yetişkinin kafasına denemeye değer olarak kaydedilmiştir.

Kişi bir kez belli hareketleri yapmaya alıştı mı, asıl icraat doyurucu hale gelir. Dolayısıyla, kişi icraatta çok titiz olur ve bunu ilerlettiğinde çok büyük doyum hisseder. Buna ek olarak, bu hareket tarzı gelecekteki ödüllerin de sözünü verir, hatta bazen ölümden sonrasının bile.

İkinci prensip genellikle hazzı azaltmaya dayanır. İsteyip de alamamak, hiç istememekten daha üzücüdür. Önceki acı çeker, sonraki ise sunulana razı olmaktan memnundur. Doğu öğretileri bu yöntemleri aşırıya götürdüler ve haz alma arzusunun yoğunluğunu azaltacak çok kapsamlı yollar geliştirdiler. Bunu yapmak için zihinsel ve fiziksel egzersizler kullandılar, dolayısıyla acının yoğunluğunu azalttılar.

Bir sonraki hazzı kovalamakla zihnimizi meşgul ettiğimiz sürece, günlük rutinimizi sürdürür ve her şeyin en iyisini ümit ederiz. İstediğimize sahip olamamaktan dolayı eksik ve memnuniyetsiz hissettiğimizde, sadece arzu edilen hazzın peşine düşmek bile genellikle arzunun gerçekten doyurulmasının yerine geçer. Bu kovalama bile bize kendimizi hayatta hissettirir çünkü devamlı yeni hedefleri ve yeni arzuları gerçekleştirmeye çalışırken buluruz kendimizi, bunları başarmakla, ya da en azından elde etmeye çalışmakla tatmin olmayı umarız.

Buraya kadar görünüyor ki bu yöntemleri gayet akıllıca kullandık. Ancak haz alma arzusu büyüdükçe bu çözümler daha da az etkili görünür. İnsanoğlunun giderek büyüyen egoizmi kendimizi sahte çözümlere maruz bırakmamıza ya da onu bastırmamıza izin vermez. Bu, en kişisel seviyeden insanlığın tümü seviyesine kadar hayatın her alanında aşikârdır.

Egonun yoğunlaştığını gösteren böyle bir örnek, aile kurumunun düşüşte olduğudur. Genelde aile ilişkileri ve özellikle koca ve karı arasındaki ilişkiler, yoğunlaşan bu egoizmin çarptığı ilk şeylerdir, çünkü eşlerimiz bize en yakın kişilerdir. Büyüyen ego bizim birbirimize ve ailelerimize ait olmamızı güçleştirir.

Daha önce, aile kurumu karışıklıktan korunuyordu; aile, denge adasıydı. Dünyada problemler olduğunda gittik, mücadele ettik. Komşularımızla sorunlarımız olduğunda her zaman taşınabilirdik. Ama aile birimi hep güvenli bir limandı.

Ailede kalmak istemediğimiz zaman bile, çocuklardan ya da ilgimize ihtiyacı olan ebeveynlerden dolayı kalırdık. Ancak bugün, ego o kadar şişirildi ki hiçbir şeyi dikkate almıyoruz. Çocuklar için büyük zorluklar yaratmasına rağmen, boşanmaların artması ve tek ebeveynli aileler bu gerçeği kanıtlıyor. Son zamanlarda, geçmişte duyulmamış

32

bir kurum olan huzur evlerinin sayısındaki artış da aile parçalanmalarına bir kat daha tanıklık ediyor.

Egonun büyümesinin küresel etkileri de var. Bu sonuçlar çok kişiyi etkiliyor ve bizi benzeri görülmemiş bir duruma sokuyor: Bir yandan globalleşme bize hepimizin ekonomik, kültürel, bilim, eğitim, her türlü alanda, ne kadar birbirimize bağımlı olduğumuzu gösteriyor; diğer yandan egolarımız öyle bir noktaya kadar büyüdü ki kimseye tahammül edemiyoruz.

İşin aslı, bizler her zaman tek bir sistemin bireysel parçaları olduk; ancak bugüne kadar farkında değildik. Doğa bunu iki gücün eş zamanlı hareket etmesi yoluyla ortaya çıkartıyor: Hepimizi birbirimize bağlayan bir bağlayıcı güç ve her birimizi birbirimizden iten de bir itici güç vardır. Dolayısıyla, bu iki güç yönlerini daha keskin bir şekilde göstermeye başladığı zaman, ne kadar bağımlı olduğumuzu keşfederiz ve aynı zamanda da büyüyen egolarımızdan dolayı bu bağımlılığa isyan ederiz. Eğer büyüyen hoşgörüsüzlük, yabancılaşma ve düşmanlığımıza bir son vermezsek sonunda birbirimizi mahvedeceğiz.

Baal HaSulam bu tehlikeye karşı çok uzun zaman önce uyardı. Ölmeden önce, eğer egoist yolumuzdan keskin bir dönüş yapmaz isek kendimizi Üçüncü Dünya Savaşı hatta Dördüncü Dünya Savaşı'nın içinde bulacağımızı anlattı. Bunların da dünya nüfusunun çoğunu silecek sonuçları olan nükleer savaşlar olacağı konusunda uyardı.

Albert Einstein benzer bir korkuyu 24 Mayıs 1946 tarihli bir telgrafta dile getirdi: "Atomun serbest kalmış olan gücü her şeyi değiştirdi, böyle düşünmeye devam edersek benzeri görülmemiş bir felakete doğru sürükleneceğiz." Maalesef, onların sözleri bugün her zamankinden daha geçerlidir.

Michael Laitman

Tarih boyunca, yaşamlarımızı daha iyi ve daha mutlu yapacağını düşündüğümüz bilim, teknoloji, kültür ve eğitimde gelişeceğimiz daha iyi zamanların önümüzde olduğuna inandık. Bu inancı en güzel ispat eden yer 1980'lerin başında Orlando Disney Dünya Epcot Merkezi'nde kurulan Dünya Uzaygemisi'dir. Burada, ziyaretçilere insanlığın gelişimindeki tarihsel dönüm noktaları boyunca rehberlik edilir.

Yolculuk tarih öncesi mağara resimleriyle başlar ve insanlığın gelişimindeki bütün dönüm noktaları boyunca, mesela kâğıdın ve tahtanın kullanılmaya başlanması gibi, devam eder; insanın uzayı fethetmesiyle sona erer. Bu eğlence programı zamanının ağır basan yaklaşımına göre planlanmıştır ve dolayısıyla insana bir övgü olarak inşa edilmiştir. İnsanlık tarihi, "Yarın burada olacak, yarın olmazsa ondan sonraki gün; eğer çocuklarımız için değilse bile, o zaman torunlarımız için..." yaklaşımı ile büyük mutluluğa doğru sürekli bir ilerleyiş olarak sunmuştur.

Şimdi, bu iyimser yaklaşım artık geçerli değildir. Her birimiz yüz yıl önce sadece hayal edilebilecek her şeye sahibiz; eğlence, seyahat, dinlenme, spor için sonsuz seçenekler vb. Liste sonsuz, ancak artık daha iyi bir geleceğe inanmıyoruz. Daha önceki pembe tablo; artan intihar oranları, şiddet, terör, ekolojik felaketler, sosyal, ekonomik ve politik dengesizliklerin de işaret ettiği gibi, karanlık bir seraba dönüşmüştür.

Bizler bir dönüm noktasındayız. Ayılmaya başlıyoruz ve görüyoruz ki bize parlak bir gelecek hediye edilmedi. Bunun yerine, öyle görünüyor ki çocuklarımız bizimki kadar iyi yaşantılara sahip olamayacaklar. Hem kişisel hem de müşterek seviyedeki kapsamlı bunalım hissi, geliştirdiğimiz

her şeyin uzun süreli mutluluğu yaratmakta başarısız olduğunu farketmemizdendir.

Bu aynı zamanda, anlamsızlık ve boşluk gibi hislerin de köküdür; bu yüzden de depresyon ve uyuşturucu günümüzün felaketidir. Bunlar, haz alma arzumuzu nasıl doyuracağımızı bilemediğimizden dolayı çaresizliğimizin ifadeleridir. Egolarımız büyüyerek, artık arzularımızı doyuracak hiçbir aşina şeyin bulunmadığı bir noktaya gelmiştir.

Hissettiğimiz ümitsizliğin tipik bir örneği, gençlerin hayata olan yaklaşımıdır. Birçok genç, hayata ebeveynlerinin aynı yaştayken yaptıklarından çok daha farklı bakıyorlar. Başarı ve kişisel idrak için sayısız seçenekle tüm dünya önlerine serilidir. Öyle görünüyor ki gençlerin kendi büyük potansiyellerini gerçekleştirmekle pek bir ilgileri yok. Sanki baştan beri günün sonunda bunun anlamsız olacağını biliyor gibiler.

Bir de etraflarındaki yetişkinlerin birçok teşebbüste bulunup da hâlâ mutsuz olduklarını görüyorlar. Bunu görmek çalışma arzularına hemen hemen hiçbir şey eklemez! Ebeveynlerin bunu anlaması çok güçtür, çünkü onlar genç iken çok farklıydılar. Fakat bunun böyle olmasının sebebi her neslin bir önceki neslin deneyimlerini ve farkındalıklarını taşımasıdır.

Bu noktadan itibaren, bilinen hiçbir çözüm durumumuzu düzeltmeyecektir. Nerede hata yaptığımızı; sadece tüm Doğa'nın olduğu kadar yaşayan her organizmanın var olma sebebi olan, Doğa'nın temellerini öğrenirsek görebiliriz. Anlamlı, güvenilir ve huzurlu bir yaşama sahip olmak için, alma arzusunu yani egoyu doyuracak mükemmel yöntemi bilmemiz gerekiyor.

Michael Laitman

Özveri Hayatın Kanunudur

Doğa'yı incelediğimizde, özgecilik olgusunu keşfediyoruz. "Özgecilik" kelimesi, Latince "alter" yani "diğeri" anlamına gelen kelimeden gelir. 19. yüzyıl Fransız filozofu Auguste Comte, özgeciliği "egoizmin zıttı" olarak tanımladı. Özgeciliğin diğer bilinen tanımları; "başkalarını sevmek", "kendini başkalarını sevmeye adamak", "aşırı cömertlik", "başkalarına yardım için çalışmayı yeğlemek" ve "başkalarıyla bencillik olmadan ilgilenmek"tir.

Tıpkı egoizm gibi özgecilik de insan dışında başka hiçbir yaratılana uymayan bir terimdir. Bu, "niyet" ve "özgür irade" gibi olguların sadece insan türüyle ilgili olmasından kaynaklanır. Diğer yaratılanların seçim özgürlüğü yoktur. Verme ve alma, yeme ve dışkılama hareketleri, tıpkı fırsat kollama ve kendini feda etme hareketleri gibi, diğer hayvanların genetik kodlarından kaynaklanır. Ancak biz bu terimleri "ödünç alıp" hayvanlarla ilgili olarak kullanacağız ki Doğa'nın kanunlarını daha iyi açıklayabilelim ve bundan insanlar için sonuçlar çıkarabilelim.

İlk bakışta Doğa, sadece en uygun olanların hayatta kaldığı bir egoistler halkası gibi görünüyordu. Bu, araştırmacıların, hayvanların özgecil eylemlerinin doğrudan ve dolaylı güdülerini açıklayan çeşitli teoriler geliştirmesine yol açtı. Bununla beraber, daha dikkatli inceleme ve geniş perspektif her mücadele ve meydan okumanın gerçekte Doğa'nın dengesini ve hayatta kalmak için karşılıklı desteği artırdığını ortaya çıkarıyor. Bu mücadeleler Doğa'nın yaratılanlarının genel gelişimini ilerletiyor ve onları daha sağlıklı kılıyor.

Doğa'nın dengesine bir başka örnek, 1990'ların başlarında Kuzey Kore hükümeti baş belası olan sokak kedilerinden kurtulmaya karar verdiğinde görüldü. Kedilerin çoğunun kökünün kazınmasından birkaç hafta sonra fare, sıçan ve yılanların sayısında çok büyük bir artış oldu. Aslına bakarsanız, Kuzey Kore hükümeti bu dengesizliği düzeltmek için komşu ülkelerden kedi ithal etmek zorunda kaldı.

Kurtlar da bir başka klasik örnektir. Kurtları acımasız ve tehlikeli hayvanlar olarak değerlendirmeye alışığız. Fakat kurt nüfusu azaldığında onların, geyik, yaban domuzu ve kemirgen nüfuslarının dengelerine katkıları aşikâr oldu. Ortaya çıktı ki, kurtlar insanlar gibi sağlıklı hayvanları avlamayı tercih etmek yerine, öncelikle hasta ve zayıf hayvanları avlıyorlar ve böyle yaparak bölgedeki hayvanların sağlığına katkıda bulunuyorlar.

Dolayısıyla, bilimsel araştırmalar ilerledikçe, Doğa'nın tüm parçalarının, tek bir kapsamlı sistemin birbiriyle ilişkili parçaları olduğu daha da ortaya çıkıyor. Gerçekten de, kendi duygularımızı tabiilik fenomeni üzerine yoğunlaştırdığımız zaman, Doğa'nın acımasız olabileceğini çoğu zaman hissediyoruz. Ama aslında, bir hayvanın diğeri tarafından yenilmesi ortak sistemin ahenk ve sağlığını garantiliyor.

Açıkçası, kendi bedenlerimizde her dakika milyarlarca hücre ölüyor ve milyarlarcası doğuyor. Yaşamın devamı tam olarak da buna bağlıdır.

Michael Laitman

Yaşayan Organizmada Hücreler Arası Ahenk

Her bir çoklu-hücresel organizmanın içinde şaşırtıcı bir fenomen vardır. Her hücreyi ayrı bir birim olarak incelersek, her bir hücrenin sadece kendini düşünerek, egoistçe fonksiyon gösterdiğini görürüz. Ancak onu bir sistemin parçası olarak incelersek, aktivitesinin çoğunluğunu bedene doğru yönelttiği ve sadece hayatta kalması için gereken minimum miktarı aldığı görülür. Bir özgecil gibi hareket eder, sadece bedenin iyiliğini düşünür ve buna göre davranır.

Bedendeki tüm hücreler arasında tam bir ahenk olmak zorundadır. Her hücrenin çekirdeği tüm bedenin bilgisini içeren genetik kodu kapsamaktadır. Bu, teorik olarak, tüm bedeni yeniden yaratmak için gerekli olan bilgidir.

Bedendeki her hücre tüm bedenin farkında olmalıdır. Hücre, bedenin ihtiyacını ve onun için ne yapabileceğini bilmelidir. Bu böyle olmasaydı beden devam edemezdi. Hücre, bedeni bir bütün olarak göz önüne almak durumundadır. Hücrenin tüm eylemleri, bölünmesinin başlangıcı ve sonu, ayrıntılarıyla tanımlanması ve bedende belli bir yere doğru hareketi, bedenin ihtiyaçlarıyla uyum içinde ortaya çıkar.

Bağlanmışlık Yeni Bir Derecede Hayat Yaratır

Bedenlerimizdeki tüm hücreler -aynı genetik bilgiyi içermelerine rağmen- her bir hücre, bulunduğu yere ve fonksiyonuna göre bu bilginin farklı bir kısmını eyleme döker. Embriyo yeni gelişmeye başladığında tüm hücreler aynıdır. Ancak embriyo geliştikçe hücreler farklılaşır ve her hücre belli bir çeşidin özelliklerini edinir.

Dolayısıyla, her hücre kendi akıl ve farkındalığına sahiptir, ancak hücreler arasındaki özgecil bağlanmışlık yeni bir oluşum yaratmalarını sağlar. Bu, aklı ve farkındalığı o veya bu hücrede bulunmayan, daha ziyade aralarındaki bağda bulunan ve daha yüksek bir dereceye ait olan tamamlanmış bir bedendir.

Michael Laitman

Egoist Bir Hücre Kanserli Bir Hücredir

Sağlıklı hücreler çok kapsamlı farklı kurallar ve limitler ile sınırlandırılmışlardır. Ancak, kanserli hücreler bu sınırlamaları hiç dikkate almazlar. Kanser; bedenin, kendi sınırsız çoğalmalarına yönelmiş hücreleri tarafından tüketildiği bir durumdur. Bir kanser hücresi çoğalırken, çevresinin ihtiyaçlarına ve bedenin emirlerine bakmaksızın acımasızca bölünür.

Kanser hücreleri çevrelerini mahvederler, böylece kendilerinin büyümesi için yer açarlar. Meydana çıkan tümörü beslesin diye komşu kan damarlarını onun içine doğru büyümeye zorlarlar ve böylece tüm bedeni kendilerine boyun eğdirirler.

Kısaca söylemek gerekirse, kanserli hücreler egoist hareketler vasıtasıyla bedenin ölümüne sebep olurlar. Onlara bir fayda getirmese de bu tarzda hareket ederler. Aslında gerçek tam olarak da tersinedir; çünkü bedenin ölümü demek suikastçıların da ölümü demektir. Kanserli hücrelerin ev sahibi bedeni ele geçirme tarzı kendi ölümlerine sebep olur. Dolayısıyla, egoizm kendini beslediğinde, kendi dâhil her şeyi ölüme götürür. Egoist davranış ve tüm bedenin ihtiyaçlarına genel bir ilgisizlik onları doğrudan korkunç sona yöneltir.

Bireysel Kolektife Zıttır

Sağlıklı bir bedende, hücreler gerektiğinde bedenin uğruna kendi hayatlarından feragat ederler. Hücrelerde, onları kanserli hücrelere çeviren genetik hatalar oluştuğunda, hücre kendi yaşamına son veren bir mekanizmayı çalıştırır. Kanserli hale gelip tüm bedeni tehlikeye atma korkusu; hücrenin, bedenin hayatı için kendi hayatından vazgeçmesine sebep olur.

Benzer bir özgecil eylemi, farklı şartlarda olmasına rağmen hücresel küf tabakasının (Dictyostelium mucoroides) yaşadığı tarzda da görürüz. İdeal koşullarda küf, kendi gıdalarını sağlayan ve bağımsız çoğalan ayrı hücreler şeklinde yaşar. Fakat gıda eksikliği olduğunda hücreler birleşir ve çoklu hücresel bir beden oluştururlar. Bu bedeni inşa ederken, bazı hücreler diğer hücrelerin hayatta kalmalarını desteklemek için kendi yaşamlarından vazgeçerler.

Michael Laitman

Başkalarına Yardım Etmek

Hayvanları araştıran Frans de Waal, "İyi Tabiatlı" adlı kitabında doğadaki özgecilikten daha birçok örnek sunmaktadır. Anlattığı deneylerden birinde, iki maymun birbirlerini görebilecekleri şeffaf bir bölmeyle ayrılmıştı. Her birine farklı zamanlarda yiyecek veriliyordu ve maymunlar şeffaf bölmeden birbirlerine yemek uzatmaya çalıştılar.

Gözlemler, biri yaralandığı ya da sakatlandığı zaman diğerlerinin uyanıklığını artırıp ona baktıklarını açığa çıkardı. Sağ olsunlar, diğer maymunlar tarafından yardım edilen sakatlanmış bir dişi maymun zor bir iklimde yirmi yıl yaşamayı başardı ve hatta beş evlat büyüttü.

Fiziksel ve zihinsel geriliği olan bir başka dişi maymun, uzun bir süre onu sırtında taşıyan ve koruyan kız kardeşinin yardımıyla hayatta kaldı. Görme yetisini kaybeden bir başka dişi maymun, erkekler tarafından himaye edildi. Erkek kardeşi sara nöbeti geçiren bir erkek Habeş maymunu, hasta kardeşinin yanında kaldı ve elini göğsünün üzerine koyarak onu muayene etmek isteyen bakıcıların yaklaşmasını kesin bir şekilde engelledi.

Diğer hayvanlar da çok benzer şekilde davranırlar. Yunuslar yaralı arkadaşlarına yardım ederler ve onları su seviyesine yakın tutarlar ki boğulmasınlar. Filler kumun üstünde ölen kendilerinden bir file yardım etmek için birleşmişlerdi. Hortumlarını ve dişlerini onun bedeni altına iterek zorla kaldırmaya çalıştılar. Hatta bazıları bu olayda dişlerini kırdılar. Sonunda, kaçak bir avcı tarafından ciğerlerinden vurulan dişi filin arkadaşları yaralı filin düşmesini önlemek için onun altına eğildiler.

Michael Laitman

Hayvanlar Arasında Toplu Yaşam

Hayvanlar dünyası, her parçanın bütüne fayda sağlamak için çalıştığı, toplumsal cemiyetler ile ilgili bazı muhteşem örnekler sunar. Böyle toplumlardan bazıları karıncalar, memeliler ve kuşları kapsar.

Biyolog Avishag ve Amotz Zahavi, Arap Babler'inin, Orta Doğu'nun kurak topraklarında bol sayıda görülen ötücü bir kuşun, toplumsal yaşantısını incelediler. Ve birçok özgecil olguyu tanımladılar. Arap Babler'leri gruplar halinde yaşarlar, topraklarını korumakta işbirliği yaparlar ve sahip oldukları tek yuvayla birlikte ilgilenirler. Diğer kuşlar yemek yerken, bir tanesi -kendi açlığına rağmen- gruba nöbetçilik yapmak için kalır. Yiyecek bulan Babler'ler kendileri doymadan, arkadaşlarına verirler. Grubun diğer üyelerinin yavrularını beslerler ve onların her ihtiyaçlarını karşılarlar. Yırtıcı bir hayvan yaklaştığında, Babler'ler, kendilerini tehlikeye atmak pahasına, ciyak ciyak öterek grup üyelerini uyarırlar. Aynı zamanda, yırtıcı bir hayvan tarafından kaçırılmış bir grup üyesini kurtarmak için kendilerini riske atarlar.

Michael Laitman

Karşılıklı Bağımlılık

Bilimsel araştırmalar karşılıklı bağımlılıkla ilgili sayısız örnekler bulmuştur. Avizeağacı bitkisi böyle bir örnektir ve avizeağacı kelebeği ile simbiyotik (ortakyaşar) bir ilişkisi vardır. Dişi kelebek bir çiçeğin stameninden (çiçeğin erkeklik uzvu) toz taşıyıp başka bir çiçeğin tam olarak dişilik uzvuna yerleştirerek çiçeğin döllenmesine yardım eder. Bunu takiben, dişi kelebek çiçek tohumlarının gelişeceği yere yumurtalarını bırakır. Larva yumurtadan çıktığında, avizeağacı bitkisinin büyüyen tomurcuklarından beslenir. Ancak bitkinin devamlılığını sağlayacak yeterli tomurcuğu bırakırlar. Bu tarz bir ilişkiyi koruyarak hem bitki hem de kelebek türlerinin devamlılığını garantiye alırlar.

Yetersizlik ya da Eksiklik Olmasaydı

2002 yılında yazılan bir makalede Profesör Theodore C. Bergstrom; insanın olmadığı bir ortamda hayvanların, genelde inanıldığı gibi, "En sağlıklı olan hayatta kalır," yasası ile değil de, çevreye faydalı olacak şekilde yaşadıklarını açıklar. Böyle bir toplumda, hayvanlar dengeli bir mevcudiyet sürdürürler ve nüfus yoğunluğu her zaman güncel yaşam şartlarına adapte olur. Nüfusun herhangi bir parçasında, bir "kaza" olmadığı sürece -ki hayvan toplumu bunu mümkün olan en kısa zamanda düzeltir- asla eksiklik ya da yoksunluk yoktur. Toplum, her bir parçasının hayatta kalmak için ideal koşullara konulduğu ve çevrenin kaynaklarının optimal kullanımının sağlandığı bir tarzda devam eder.

Doğada Her Şey Bütünlüğe Doğru Gider

Doğa'nın evrimi, dünyayı global bir köye çevirme sürecinin tesadüfi olmadığını kanıtlar. Bu, daha ziyade, uygarlık kapsamlı bir ahenge doğru geliştikçe yaşanacak olan doğal bir aşamadır.

Evrim biyoloğu Elisabet Sahtouris'e göre; sürecin sonunda, parçaları karşılıklılık ve işbirliği içinde birbirine bağlı tek bir sistem olacak. 2005 yılında Tokyo'daki konferansta verilen bir derste, Sahtouris, evrimin bireyselleşme, çatışma ve rekabet safhalarından oluştuğunu açıkladı. Bu aşamaların sonunda, parçalar tek bir ahenkli sistem içinde birleşecekler.

Santouris, yeryüzündeki yaşamın evrim sürecini bir örnek olarak kullandı. Milyarlarca yıl önce, yeryüzünde bakteriler yaşıyordu. Bakteriler hücreler oluşturdular ve Doğa'nın yiyecek ve toprak gibi kaynakları için rekabete girdiler. Sonuç olarak, çevresel koşullara daha iyi uyum gösteren yeni bir varlık, bakteri kolonisi oluştu.

Bakteri aslında tek bir organizma gibi hareket eden bir bakteri topluluğudur. Tam olarak bu kurallarla, tek hücreli yaratıklar evrimleşerek çok hücreli yaratıklar oldular; sonunda bitkilerin, hayvanların ve insanların kompleks bedenlerini oluşturdular.

Her farklı varlık; kişisel, egoist bir menfaate sahiptir. Ancak evrimin özü, kişisel menfaatleri olan bu varlıkların tek bir bedeni oluşturmaları ve bu bedenin menfaati için çalışmalarıdır. Sahtouris, insanlığın bu süreci tek bir insan ailesi oluşturmakta hâlihazırda geçmesi gereken bir basamak olarak değerlendiriyor; hepimizin menfaatlerini sağlayacak bir toplum, tabii ki bizler bu toplumda sağlıklı parçalar olarak fonksiyon gösterirsek.

Kaostan Ahenge

Michael Laitman

Dolayısıyla, eğer Doğa'nın parçalarını dikkatlice incelersek özgeciliğin yaşamın temeli olduğunu görürüz. Yaşayan her organizma ve her sistem, işbirliği yapan, birbirini tamamlayan ve bir diğerine yardım eden hücreler topluluğundan oluşmaktadır. Özgecil bir yasa olan "Birimiz hepimiz içindir," yasasına göre paylaşırlar ve hayatta kalırlar. Doğa'ya daha derinlemesine bakarsak, Doğa'nın karşılıklı bağlanmışlığının daha da çok örneklerini bulabiliriz ve Doğa'nın genel yasası "egoist varlıklar arasında özgecil bağlanma"dır.

Doğa yaşamı öyle bir planladı ki her hücre yaşayan bir beden inşa etmek için diğerlerine karşı özgecil olmak zorundadır. Doğa, hücreleri ve organları yaşayan bir beden olarak birbirine birleştiren yapıştırıcının onların arasındaki özgecil ilişki olduğu bir düzen yarattı. Dolayısıyla, Yaradan ve devamlılığı sağlayan güç özgecildir, veren ve paylaşan bir güçtür. Amacı, ahenkli ve tüm parçalar arasında dengeli, özgecil mevcudiyet üzerine kurulmuş bir yaşam yaratmaktır.

DENGEYİ BOZMAK

Ey İnsan! Artık kötülüğün yazarlarını arama; çünkü senin yaptığın ya da çektiğinden başkası değildir kötülük ve ikisi de senin kendinden gelir.

Jean Jacques Rousseau, İmanlı Savoyard Rahibi

İnsan en vahşi hayvandır.

Friedrich Nietzsche, Zerdüşt Öyle Dedi

Yüzü kızaran ya da buna ihtiyacı olan tek hayvan insandır.

Mark Twain, Ekvatoru İzlerken

İnsan egosu dışında Doğa'nın tüm elementleri özgecilik yasasına göre işler. Çevreleriyle uyum içindedirler ve ahenkli sistemler yaratırlar. Denge bozulduğu zaman organizma dağılmaya başlar. Dolayısıyla, dengeyi tekrar inşa edebilmek yaşamın mevcudiyeti için gerekli bir koşuldur.

Aslında beden, dengeyi sağlayabilmek için tüm koruma gücünü harcar. Güçlü ya da zayıf bir bedenden bahsederken, onun dengesini koruma yeteneğine değiniriz. Dengeyi korumak, her elementin, Doğa'nın kapsamlı ahenginin ve mükemmelliğinin temelini sağlayan, parçası olduğu sisteme yönelik özgecil davranmasını gerektirir. Eğer belli bir element yaşamın özgecil prensibine uymazsa bu şekilde dengeyi bozar. Bu iki kural, özgecilik ve denge dolayısıyla, neden ve sonuç yolu ile birbirine geçmiştir.

İnsan hariç bütün yaratılanlarda, herhangi bir zamanda dengeyi sağlamayı gerektirecek ne varsa uygulayan, "dengeleyen bir yazılım" vardır. Diğer yaratılanların hepsi her zaman ne yapmaları gerektiğini bilirler ve böylece nasıl davranmaları gerektiğinin farkında olmadıkları yeni

Kaostan Ahenge

Michael Laitman

bir çevrede belirsizlikler ya da alışık olunmayan durumlar karşısında tökezlemezler. Kendi arzularıyla hareket etme özgürlükleri yoktur ve dolayısıyla, açıkçası Doğa'nın dengesini değiştiremezler. İnsanoğlu, içine bu dengeleyen yazılımın yüklenmediği tek yaratılandır.

Doğa, bize doğumdan itibaren Doğa'yla dengede var olmak için yeterli bilgi ve içgüdü aşılamadığından insan toplumunda nasıl doğru davranacağımızdan yani etrafımızdaki insanlarla nasıl dengede olacağımızdan emin değiliz. Dengeli durum aynı zamanda en mutlu durumdur; direniş ya da koruyucu duvarlar inşa etme gereği olmadan, her şeyin ahenkle yürüdüğü mükemmel bir durumdur.

Bu dengeleyen yazılımın eksikliği bizim sosyal evrimimizi egoist bir yöne taşıyor ve bu durum her nesille daha da yoğunlaşmıştır. Sonuç olarak, insanın zevk alma arzusunu doyurma çabasının şekli diğerlerinin varlıklarını göz önüne almıyor. Doğa'da olduğu gibi başkalarıyla özgecil olarak bağlanmayı arzulamıyoruz ve sonuç olarak o kadar hasret çektiğimiz mükemmel hazzı özgecil davranarak bulabileceğimizi bilmiyoruz.

İçimize bakarsak, gerçekte sadece kendi varlığımızla ilgilendiğimizi görürüz. Başkalarıyla tüm ilişkilerimiz sadece kendi durumumuzu daha iyileştirmek içindir. Yaşamlarımızı en küçücük bir şekilde iyileştirmek için bile, ihtiyacımız olmayan şeylerin tamamen ortadan kaybolması konusunda hemfikir oluruz.

İnsan dışında hiçbir yaratık çevresini yağmalayamaz. Başka hiçbir yaratık diğerlerine baskı yapmaktan memnun olmaz, ya da onların acılarından zevk almaz. Sadece insan başkasının ıstırabından memnuniyet yaşar. Çok bilinen bir özdeyiş vardır, şöyle der: "Doymuş bir aslanın yanında yürümek doymuş bir insanın yanında yürümekten daha güvenlidir."

Nesilden nesile içimizde büyümüş olan egoist amaçlar, çoğu zaman başkalarının pahasına, Doğa'nın temel amacına çok net bir şekilde tezattır: Her bir elemente en iyi yaşamı vermek. Bu nedenden dolayıdır ki insan egoizmi dünyadaki tek zararlı güçtür, Doğa'nın sistemindeki dengeyi baştanbaşa sarsan tek güçtür.

Baal HaSulam "Dünyada Barış" makalesinde şöyle yazar; "Dünyanın tüm insanlarındaki ortak özellik, herkesin ve hepimizin, mümkün olan her yolla, kendi özel çıkarımız için tüm insanları kötüye kullanmaya ve sömürmeye hazır durduğumuzdur; üstelik arkadaşımızın enkazı üzerine kendimizi inşa edeceğimizi hiç dikkate almayız." Ve Baal HaSulam ekliyor: "İnsan, dünyadaki tüm insanların kendi yönetiminde ve kendi özel kullanımı için olması gerektiğini hisseder. Ve bu, bozulamayan bir kuraldır. Ve tek fark insanların seçimindedir. Biri düşük arzuları edinerek, biri yönetimi elde ederek, bir üçüncüsü saygınlık edinerek insanları sömürürler. Dahası, eğer kişi bunu fazla çaba harcamadan yapabilseydi, bu üçüyle -varlık, yönetim ve saygınlık- tüm dünyayı sömürmeyi kabul ederdi. Ancak, kişi yeteneğine ve kapasitesine göre seçmeye zorlanmıştır."

Huzurlu bir yaşamın hazırlığını yapmak için ilk olarak egoist doğamızı tamamen anlamamız gerektiğini görmek çok enteresandır. "Aslında..." diyor Baal HaSulam: "... egoizmimizin giderek büyümesi bir tesadüf değildir ve kusur bulunacak bir tarafı yoktur. Bu bize, yaşamlarımızın temelinde olan realitenin genel yasasından ve bizi bu mesafeyi düzeltmeye zorlayan özgecilik yasasından kesinkes ne kadar uzak olduğumuzu göstermek için oluyor."

Kaostan Ahenge

Michael Laitman

Egonun büyümesinin amacı, başkalarının pahasına, özelliği özgecilik, sevgi ve paylaşma olan Doğa'nın kapsamlı gücünden sadece kendileri için almak isteyen egolarımızın zıt yönelimini bize kabul ettirmektir. Buradan itibaren, Doğa'nın gücüne olan zıtlığımızdan "Doğa'yla dengesizlik" olarak ya da sadece "dengesizlik" olarak ve özgecilik özelliğini edinmekten de "Doğa'yla denge" olarak bahsedeceğiz.

Bize Ne Haz Verir?

Yukarıda söylediğimiz gibi, arzularımız fiziksel mevcudiyet arzularına bölünmüştür. Şimdi, başkalarıyla ilişkilerimizde dengesizliğin sebebini anlamak için beşeri-toplumsal arzulara odaklanacağız.

Beşeri toplumsal arzular üç kategoriye bölünür: Varlık edinme arzuları, saygınlık ve hâkimiyet arzuları ve bilgi edinme arzuları. Bu kategoriler içimizde yüzeye çıkan tüm fiziksel olmayan arzuları temsil eder. Bunlar "beşeri-toplumsal arzular" adını iki sebepten alırlar:

a) Bu arzular kişinin toplumdan öğrendiği arzulardır. Tek başımıza yaşasaydık bu tür şeyleri istemezdik.

b) Bu arzular sadece toplumun içinde gerçekleştirilebilirler.

Daha açık olmak gerekirse; var olmak için gereken şeylere, fiziksel ve bunun ötesindeki her şeye de "beşeri-toplumsal" demeliyiz. Yaşam için gerekli olandan daha öteye giden bir şey için her arzuyu nasıl kullandığımızı inceleyebiliriz. Ve aslında, böyle arzuların içimizde gelişmesinin sebebi budur.

Her birimizin içinde farklı bir beşeri-toplumsal arzular karışımı vardır ve bu karışım yaşamlarımız boyunca değişir. Biri varlık için daha büyük bir arzu duyar, başkası saygınlık ve bir üçüncüsü bilgi için. Bunların her biri farklı tür ya da seviyede arzuyu temsil eder.

• Varlık; kişinin sahip olmak, bir şeyi edinmek arzusunu simgeler. Bu, kişinin tüm dünyaya sahip olabilmesi için onu elde etmek arzusudur.

• Saygınlık daha yüksek seviyede bir arzudur. Kişi artık, bir çocuk gibi her şeyi "kapmak" ister fakat kendisinin dışında engin bir dünya olduğunu fark eder ve bütün hayatını başkalarının saygısını kazanmak için çalışmaya adar. Böyle bir kişi saygınlık için bedel ödemeye bile razıdır.

Para arzusu saygınlık arzusundan daha ilkeldir; her şeyi kapıp kendine iliştirmek arzusudur. Bunun yanında, saygınlık arzusu başkasını yok saymayla ilgilenmez. Tam tersine kişi; otorite, başkalarının üzerinde üstünlük ve onların saygınlığını arar. Dolayısıyla, saygınlık insanın dünyayı satın alma arzusunu temsil eder, onun dışında kalan bir şey olarak ve ona saygı duyar.

• Bilgi ve ona olan arzu iktidar için daha büyük bir arzuyu temsil eder. Bu; bilgi edinmek, realitedeki her detayı bilmek, her şeyin nasıl gözler önüne serildiğini ve doğa ve insanların nasıl kişinin kendi menfaatine kullanılabileceğini anlamak için bir arzudur. Bu arzu, insanın her şeyi aklı vasıtasıyla kontrol edip hükmetme arzusunu simgeler.

Temel var olma arzularının ötesindeki her arzu bize toplumumuzdan gelir. Bu arzuları yerine getirmekteki başarı ya da başarısızlık sadece toplumumuza göre ölçülür. Daha önce de bahsedilen Prof. Kahneman tarafından yürütülen araştırma; insanların, hissettikleri mutluluğun seviyesini ölçmeleri istenildiğinde ilk olarak soysal standartları değerlendirdiklerini ortaya çıkarmıştır.

Araştırma aynı zamanda mutluluğumuzun kökeninin sahip olduklarımızdan ziyade durumumuzu komşularımızınkiyle kıyaslamak olduğunu göstermiştir.

Bu nedenden dolayı da mutluluğumuzun derecesi bizler zenginleştikçe artmaz. Daha fazla kazandıkça kendimizi daha da zengin ortamlarla kıyaslarız.

Dolayısıyla, mutluluğumuzu ya da mutsuzluğumuzu belirlemenin tek yolu kendimizi başkalarıyla kıyaslamaktır. Bir

başkası başarılı olduğunda kıskanırız. İçimizin derinliklerinde ve bazen açıkça, bu kişinin başarısızlığını isteriz. Bu, kontrol edilemez otomatik bir reaksiyondur. Başkaları başarısızlığa uğradığında ise mutlu oluruz çünkü bu anında bizim göreceli pozisyonumuzu düzeltir.

Aslında, fiziksel bedenin ihtiyaçlarının ötesindeki insansal arzular bizim başkalarına karşı tavırlarımıza ve başkalarıyla ilişkilerimize nasıl baktığımıza bağlıdır. Bizi iyi hissettiren elde ettiğimiz şey değildir, sadece başkalarından üstünlüğümüz, sosyal itibar ve dolayısıyla kendimiz hakkımızdaki kanımız ve bize verdiği bunu kontrol etme gücüdür.

Başkalarına karşı olan bu egoist yaklaşım, bizimle Doğa'nın genel yasası yani özgecilik yasası arasında dengesizlik ve uyumsuzluk yaratır. Başkalarının üstüne çıkma, onların pahasına zevk alma ve onlardan ayrılma gibi egoist arzularımız Doğa'nın, tüm parçalarını özgecil bağlanma noktasına doğru getirme gayretine terstir. İşte bu yüzden egoizm tüm acıların sebebidir.

Bizler bilmesek de Doğa'nın bizi etkileyen yasaları vardır. Çünkü Doğa'nın yasaları kesin yasalardır. Eğer kişi bu yasalardan birine uymazsa, kişinin yoldan sapma kuralı o kişi üzerinde işlemeye başlar ve bir kez daha kişiyi yasaya uymaya zorlar.

Bizler zaten cansız, bitkisel ve hayvansal seviyelerdeki ve kendi bedenlerimizdeki doğa yasalarının birçoğunu biliyoruz. Ancak insan ilişkilerinde yasalar olmadığını düşünmekte hatalıyız. Aslında, içinde olduğumuzda belli bir derecenin yasalarını hali hazırda anlayamıyoruz. Sadece daha üst bir seviyeden baktığımızda bu yasaların farkına varabiliyoruz. Bu yüzden de başkalarına karşı egoist davranış ile yaşamlarımızdaki negatif olgu arasında açık bir bağlantı kuramıyoruz.

Michael Laitman

Egonun Doğru Kullanımı

Egonun Doğa'da dengesizlik yaratması gerçeği onu hükümsüz kılmamız anlamına gelmez. Sadece onu nasıl kullandığımızı düzeltmemiz gerekiyor. Tarih boyunca insanlık, eşitliğe, sevgiye ve sosyal adalete ulaşmak amacıyla egoyu iptal edecek ya da onu suni olarak azaltacak sayısız yollar denemiştir. Devrimler ve sosyal değişimler gelip gitmiştir ancak hepsi de başarısız olmuştur, çünkü denge sadece tam alma gücü ile tam verme gücünü doğru bir şekilde bir araya getirmekle elde edilebilir.

Bir önceki bölümde, tüm yaşayan organizmalar için ortak yasanın egoist elementler arasındaki özgecil bağ olduğunu gördük. Bu iki zıt element egoizm ve özgecilik, verme ve alma- her madde, yaratılan, olgu ve süreçte mevcuttur.

Maddesel, duygusal, ya da herhangi başka bir seviyede her zaman tek değil iki güç bulursunuz. Bunlar birbirlerini tamamlayıp dengelerler ve farklı şekillerde ortaya çıkarlar: Elektron ve protonlar, negatif ve pozitif yükler, reddetme ve çekim, asit ve baz, nefret ve aşk gibi. Doğadaki her element onu destekleyen sistemle karşılıklı bir ilişki sürdürür ve bu ilişkiler ahenkli bir verme ve almadan oluşur.

Doğa bizi mükemmelliğe, sınırsız neşeye getirmek ister. Dolayısıyla, Doğa içimize zevk alma arzusu aşılamıştır. Egodan vazgeçmeye gerek yok, sadece onu düzeltmemiz, ya da daha doğrusu egoist bir yaklaşımdan özgecil bir yaklaşıma geçerek haz alma arzularımızı kullanma yolumuzu değiştirmemiz gerekiyor.

Doğru gelişim içimizdeki haz alma arzusunun tüm gücünü kullanır fakat düzeltilmiş şekliyle. Dahası, ego

bizim doğamız olduğundan ona karşı gelmek ya da onu belirsiz bir şekilde sınırlamak bu kadar kolay değil, çünkü bu doğaya aykırı gitmek olur. Bunu yapmayı denesek bile yapamayacağımızı keşfederiz.

Mevcut durumumuz Doğa'nın haz almamızı istediği işaretini vermese de, bunun sebebi Doğa'daki diğer tüm derecelerin tersine, egolarımızın gelişimini tamamlamamış olmasıdır.

Baal HaSulam bunu "Dinin Mahiyeti ve Maksadı" makalesinde şöyle açıklar: "Bize sunulan Doğa'nın tüm sistemleri içinden, dört türden herhangi bir varlıkta -cansız, bitkisel, hayvansal ve konuşanda- hem bütün olarak hem de ayrıntıda, amaçlı rehberlik görürüz, yani sebep ve sonuç yoluyla yavaş ve aşamalı bir ilerleme. Bu, sonunda tatlı ve güzel görünümlü bir meyve olma amacına doğru rehberlik edilmiş, ağaçtaki bir meyveye benzer. Ve bir meyvenin görülür olduğu halden tam olgun bir meyve olana dek nasıl birçok safha geçirdiğini gidip bir botanikçiye sorun. Önceki safhalar meyvenin tatlı güzel sonuyla ilgili bir ipucu vermemekle kalmayıp, sanki insanın canını sıkmak istermiş gibi, bir de meyvenin son şeklinin tam tersini gösterir; meyve sonunda ne kadar tatlıysa, gelişiminin daha erken aşamalarında o kadar daha acıdır."

Gerçek olan şu ki, Doğa'nın mükemmelliği, nihai formuna gelmeden hiçbir yaratılanda aşikâr değildir. İnsanoğlunun durumunda ise, mevcut halimiz tam ve son halimiz değildir. Ancak, tıpkı ağaçtaki meyve gibi, içimizde tahrip edeceğimiz hiçbir şey yok, ya da zaten başından içimize konulmazdı.

Egonun gücü harika bir şeydir. Bizi buraya kadar getirdi ve onun sayesinde mükemmelliğe de ulaşacağız.

Kaostan Ahenge

Michael Laitman

Bizi ileri doğru iten egodur ve sınırsız gelişimi kolaylaştırır. Ego olmadan, bir insan toplumu olarak ilerleyemezdik ve temelde hayvanlardan bir farkımız olmazdı. Sonuç olarak, egolarımız sağ olsun ki artık gelip geçici tanıdık arzulara razı olmak istemediğimiz, sadece bunların ötesinde yatana sahip olmak istediğimiz bir duruma doğru geliyoruz.

İşin sırrı, egolarımızı başkalarıyla özgecil olarak bağlanmaya doğru geliştirmek için kullanmakta en iyi ve akıllı yolu bulmaktadır. Ve bunu yapmamızı sağlayan yöntem Kabala ilmidir.

Kabala isminin kökü "Almak" kelimesinden gelir. Dolayısıyla, Kabala ilmi mükemmel hazzın en mükemmel şekilde nasıl alınacağının ilmidir.

Kabala doğal egoist güdülerimizi bastırmamızı gerektirmez. Tam tersine, bu güdülerin varlığını gözler önüne serer ve mükemmelliğe ulaşmak için onları en iyi ve etkili şekilde nasıl kullanacağımızı açıklar.

Gelişimimiz sırasında, içimizdeki tüm eğilimleri ve elementleri ahenkli bir şekilde birleştirmemiz ve onları bu süreçte çalışacak duruma getirmemiz gerekmektedir. Mesela; normal olarak kıskançlık, şehvet ve gururu negatif koşullar olarak düşünürüz. Hatta çok bilinen bir deyiş vardır; "Kıskançlık, şehvet ve gurur insanı dünyadan çıkarır."

Ancak pek bilinmeyen, bu deyişin derindeki anlamıdır. Kıskançlık, şehvet ve gurur bizi bu dünyadan çıkarır, ancak bizi götürdüğü dünya, Doğa'nın daha üst derecesi olan manevi dünyadır. Fakat burada bir koşul vardır; bu, sadece doğal eğilimlerimizi Doğa'nın özgecil gücüyle dengeyi elde etmemizi sağlayacak, pozitif ve faydalı bir istikamete yönlendirirsek olur.

56

Michael Laitman

Dengeyi Yeniden Kurma Fırsatı Olarak Kriz

"Kriz kelimesini yazmak için Çinliler iki fırça darbesi kullanırlar. Bir fırça darbesi tehlikeyi anlatır diğeri de fırsatı. Kriz durumunda, tehlikenin farkında ol ama fırsatı da gör."

John F. Kennedy,
12 Nisan 1959 Indianapolis de bir konuşmadan

Doğa dengeye gelmek ister. Tüm eylemleri her bir parçayı dengeye getirmek içindir. Volkanlarla mesela; yeryüzünün derinliklerindeki basınç yerin kabuğu artık onu dengeleyemeyecek duruma gelene dek artar. Bu dengesizliğin çözümü ise yer altı basıncını yerüstü basıncı ile dengeleyen yanardağ patlamasıdır. Bu, Doğa'nın dengesiz bir durumu dengeye getirme yoludur. Fizik ve kimya yasaları maddenin ya da nesnenin herhangi bir hareketinin tek nedeninin dengeyi aramak olduğunu açıklarlar. Bu dengeyi sağlamak için, basınç dengesi, yoğunluk, ısı değişimi, suyun en alçak seviyeye akması yaratılmıştır. Bilimsel kelimelerle söylemek gerekirse, dengeli bir duruma "homeostasis" (Homo, Latince'de "aynı" ve stasis de "durum" demektir) denir. Homeostasis, realitedeki her şeyin dengeye doğru çekildiği durumdur.

Fakat insan seviyesinde, homeostasis bilinçli katılım gerektirir. Bu nedenle, başkalarına karşı egoist bir yaklaşımın bize ve dünyaya zarar verdiğinin farkında olmadığımız sürece sorumlu tutulamayız. Bunun yerine, Doğa bir dengesizlik olduğunu göstererek yardımımıza koşar ki bu da şu an bizi egoist gelişimimizde bizi kapsamlı bir kriz noktasına götürmesinin sebebidir.

Krizin amacı yanlış yolda yürüdüğümüzü ve rotayı değiştirmemiz gerektiğini bize anlatmaktır. Dolayısıyla,

Kaos/an Ahenge

Michael Laitman

kriz bir ceza değildir; sadece bizi mükemmelliğe getirmek için tasarlanmıştır.

Aslında, dünyada cezalandırma diye bir şey yoktur çünkü egoistler olarak doğmuş olmamız bizim hatamız değildir. Dünyamızda var olan her şey gelişimimiz için birer araçtır.

Gerçekte; haz alma arzusu olan insanlar, eksiklik hissi olmadan bir santim bile kımıldayamazlar. Diğer bir deyişle, bir arzunun doyumunun eksikliği yüzünden hareket ederiz ve böylece sadece gelecekteki doyuma doğru hareket ederiz. Bir şeyimiz eksik olduğunda, tatmin olmadığımızda acı çekeriz ve çözümler aramaya başlarız. Ve bu şekilde ilerleyip gelişiriz.

Krizler, Doğa tarafından kasıtlı olarak içimize yerleştirilmiş yanlışların ortaya çıkmasıdır. Bu yanlışlar bizim onları kendi kendimize düzeltmemizi sağlar ve böylece de kendimizi yükseltiriz. Geçmişte, yüzlerce binlerce yıl önce, insanlık acı çektiğinde bunun sebebini anlayamadılar. Bizler şimdi bunun sebebini anlamaya ve acının; bize, doğrudan ihsan etme özelliğini, Doğa'nın sevgi ve verme niteliğini edinmeye doğru işaret ettiğini görmeye hazırız. Bu yüzden, Doğa çağdaş bir insana şunu sorabilir; "Sana teslim edilene doğru bir şekilde karşılık veriyor musun?" Bugün, acıyla birlikte, Doğa bizim bunun sebebini anlamamıza izin veriyor.

Bugüne kadar, Doğa'yı son derece açık bir tarzda değerlendiriyorduk: Doğa içimizde arzular uyandırarak gelişimimizi teşvik eder ve biz de kültür, eğitim, bilim ve teknoloji gibi sayısız yollar vasıtasıyla gelişmek için dörtnala koşarız.

58

Ancak bugün, aniden bir kördüğüme gelmiş bulunmaktayız ve durup kendimizi incelemeye zorlanıyoruz. Aslında bu, arzularımızı inceleme yeteneğini kazandığımız andır. Dolayısıyla, bu dakikadan itibaren kendimizi bu incelemeye devam etmeye adıyoruz. Sadece arzularımızı nasıl daha iyi kullanacağımızın farkındalığını geliştirmeye devam edemeyiz; arzularımızı düşünmeye ve onları yeni bir perspektiften tekrar gözden geçirmeye başlamamız lazım. "Arzularımla ne yapıyorum ve ne için yapıyorum?" diye sormaya başlamalıyız. Her birimizin kendisini incelemesi gerekiyor.

Aslında, Doğa'nın gücü sabit bir özgecil güçtür. Değişmez ve onunla dengeye gelmemiz için bize sürekli baskı yapar. Değişen ve gelişen tek şey, yerleştirilmiş programa göre, içimizdeki egodur. Egonun, Doğa'nın gücünden giderek artan zıtlığı dengesizliği yoğunlaştırır ki biz bunu baskı, rahatsızlık, acı ve diğer negatif olgu ve krizler gibi deneyimleriz.

Bu baskının yoğunluğu bizim dengesizliğimizin derecesine bağlıdır. Bu nedenledir ki, geçmişte ıstırap ve rahatsızlık daha azdı; çünkü egoizm daha önemsizdi. Bugün, fark ediyoruz ki egoizm her gün artıyor.

Bundan da anlaşıldığı üzere, Doğa'yla olan dengesizliğimizin derecesine göre sadece biz deneyimlediğimiz acının ya da mutluluğun yoğunluğunu belirliyoruz. Bir başka deyişle, bütünleşmiş bir sistemin bütünleşmemiş parçaları olmamız tam olarak acının ve tüm güçlükler ile krizlerin kökünün sebebidir.

Kişisel ve ortak krizlerin tüm alametlerini insan egosuna bağladığımız zaman sistem dengesizliğinin sebebi için bir çözüme doğru hareket edebileceğiz. Istıraba, kaynağını anlamak eşlik ettiğinde; acının maksadı hissedildiğinde ıstırap faydalı olur zira onlar gelişimin güçlerinden gelmişlerdir.

Dolayısıyla kriz aslında kriz değildir, daha ziyade, önce mevcut durumun inkârı olarak ortaya çıksa da insanın gelişimini daha da ilerleten bir durumdur. Ancak, eğer yaklaşım ve farkındalığımızı değiştirirsek ve buna farklı bir perspektiften bakarsak şimdi kriz gibi görünen aslında altın bir fırsattır.

DOĞA'NIN YASASINA BOYUN EĞMEK

Amacın kendisi doğru yerleştirilmediyse bir yolu hatasız koşmak mümkün değildir.

Francis Bacon; Novum Organum, atasözü 81

Yaşamın Maksadı

Doğa'yı işleten ve devamını sağlayan genel güç özgecil bir güçtür. Bu güç, Doğa'nın tüm parçalarını tek bir bedendeki organlar gibi dengede ve ahenk içinde var olmaya zorlar. Parçalar bu koşulu yerine getirdiği zaman, "yaşam" denilen birbirine bağlanma koşulunu sağlamış olurlar. Bu bağ insan hariç tüm derecelerde mevcuttur; dolayısıyla, insanın yaşamının amacı bu bağı bağımsızca yaratmaktır. Ve Doğa'nın bizi yerine getirmemiz için dürttüğü şey de tam olarak budur.

Böyle bir bağ başkalarına karşı özgecil bir tavır vasıtasıyla edinilir ve başkalarının iyiliğini düşünerek ifade edilir. Bu yaklaşım mükemmel bir haz bahşeder, zira başkalarıyla böyle bir bağ yaratarak kişi Doğa'nın o kapsamlı yasasıyla dengeye gelir ve onunla tamamen bütünleşmiş olur.

Bizler, karşılıklı bağ halinde işlemeyen tek yaratıklarız ve bu yüzden yaşamı hissedemiyoruz. Suni bir biçimde hayatta olduğumuz doğru olmasına rağmen, gelecekte, "yaşam" kelimesinin aslında tamamen farklı bir varoluş tarzıyla ilişkili olduğunu keşfedeceğiz.

Hayatın amacının anlaşılmasına giden yol, çok uzun bir egoist gelişim döneminden geçer; birkaç bin yıl süren bir dönem. Bu dönemin sonunda, egonun bizi mutlu edeceği nosyonundan uyanırız ve egoizmin artmasının her belanın temeli olduğunu keşfederiz.

Bundan sonra, her birimizin tek bir sistemin parçası olduğunu anlamamız lazım. Başkalarıyla kendimizi özgecil yasaya göre ilişkilendirmeli ve onlarla tek bir bedende uyumlu organlar olarak bağlanmalıyız.

Başlangıçta, bunu sadece hayatımızdaki problemlerden kaçmak için yapacağız ve bunun anında gelen ödülü, yaşamımızın her alanındaki acıdan kurtulma olacaktır. Hem de yaşamlarımızda bize yeni bir anlam ve gerçeklik hissi bahşedilecek. Ancak, bu sürece başladığımızda, Doğa'nın bizim için planının uygun bir yaşamdan çok öte olduğunu keşfedeceğiz. Eğer hepsi bu kadar olsaydı; dengeleyen yazılım, özgecil nitelik, tıpkı hayvanlarda olduğu gibi bizim içimize de aşılanmış olurdu.

Ancak işin aslı, mevcut egomuzun bize zararlı olduğunu anlayabilmemiz için egoist bir doğa ile yaratıldık çünkü doğamız Doğa'nın kendi niteliğine terstir. Dengeyi bağımsız bir şekilde aramamız bizi özgeciliğin ödüllerini tanımaya doğru götürür; sevme ve verme nitelikleri.

Görmüş olduğumuz gibi, doğadaki her element içinde bulunduğu sisteme fayda sağlamak için çalışır. Ancak, maddesel seviyede, bu dengeli varoluş içgüdüseldir. İnsan ve doğadaki diğer derecelerin arasındaki fark, insanın düşünen bir varlık olmasıdır ve düşünce gücü realitedeki en kuvvetli güçtür.

Düşünce gücü; yerçekimi, elektrostatik güç, manyetik alan ve radyasyon gibi tüm cansız güçlerin üstüne çıkabilir. Aynı zamanda, bitkisel seviyede büyüme ve gelişmeyi sağlayan ve hayvanları onları faydalı şeylere çeken ve zararlı

şeylerden uzaklaştıran gücün de üstündedir. Hatta düşünce gücü, insanın egoist arzularının gücünün bile üstündedir.

Dolayısıyla, cansız, bitkisel ve hayvansal seviyelerdeyken, bir elementin sisteme karşı iyi yaklaşımı maddesel seviyede ifade edilir. İnsanda ise, düzelme gerektiren seviye başkalarına karşı olan düşünce ve yaklaşım seviyeleridir. 2000 yıl önce Kabalist Şimon Bar Yohai tarafından yazılmış olan ve Kabala ilminde yeni ufuklar açan kitaplardan Zohar Kitabı'nda şöyle yazar: "Her şey düşüncede açıklığa kavuşur." Zohar, Kısım 2, madde 254.

Başkalarıyla tek bir bütün olarak bağlanmaya karşı genetik direnişimiz egoizmimizin bir ifadesidir. Özgecilik ise tam tersidir; başkalarını kendisinin parçası gibi hissetmeye yönelik kişinin kendine özgü bir hareketidir. Dolayısıyla, biz ve Doğa'nın özgecil yasası arasında denge sağlamak için, başkalarına karşı olan özgecil yaklaşımımızdan zevk aldığımız, başkalarını istismar etmek ve onlara hükmetmek yerine tek bir sistemin parçaları olarak bağlanmaktan zevk aldığımız bir durumda olmamız gerekiyor.

Haz kaynağımızı egoist-temelden özgecil-temele çevirme sürecine "egonun ıslahı", ya da basitçe "Tikun" denilir. Bu süreç, içimizde yeni bir arzunun inşasına bağlıdır; özgecilik özelliğini edinme arzusu.

Islah sürecinde ilerlemek için, düşünce gücünü kullanmamız gereklidir. Baal HaSulam "Düşünce Arzunun Neticesidir" adlı makalesinde, zevk alma arzumuzun düşündüğümüz şeyi belirlediğini anlatır.

Örneğin, arzularımıza ters düşen şeyleri düşünmediğimizi söyler; mesela ölüm günümüz gibi. Sadece istediğimiz şeyleri düşünürüz. Ve arzu düşünceye

Michael Laitman

yol açar; yani arzularımızı gerçekleştirmeyi kolaylaştıran düşüncelerin ortaya çıkmasını sağlar. "Ancak, düşüncenin özel bir yeteneği vardır." diye devam eder Baal HaSulam: "Ters istikamette de işleyebilir." Başka bir deyişle, düşünce arzuyu artırabilir. Bir şey için küçük bir arzumuz varsa ve onu düşünürsek, bu arzu büyür. Ve onu daha çok düşündükçe, arzu da o kadar çok büyür.

Bu yetenek, büyüyen arzunun düşünceyi yoğunlaştırdığı ve düşüncenin de arzuyu artırdığı büyüyen bir daire yaratır. Bu mekanizmayı kullanarak, önemli bulduğumuz ancak sayısız arzularımız içinde onun için uygun arzu seviyesine sahip olmadığımız bir şey için büyük bir arzu inşa ederiz. Bu yolla özgecilik niteliğini edinme arzusunu, arzularımızın merkezi yapabiliriz.

Bu, şu soruyu doğurur: "İçimizdeki arzu bunun için en büyük arzu olmadığı halde, başkalarıyla özgecil bağlanma hakkındaki düşüncelerimizi nasıl artırabiliriz?" Nihayetinde, şu an içimizde birçok arzu var, hatta büyük arzular, daha karmaşık ve aşikâr ve bizim düşündüğümüz arzular bunlar... Ya da kısacası, "Bu düşünce tekerleğini nasıl harekete geçirebiliriz?"

İşte sosyal çevremizin etkisinin rolü burada ortaya çıkıyor. Eğer etrafımızda uygun çevreyi inşa etmeyi bilirsek, bu, Doğa'nın özgecilik niteliğini edinme dürtümüzü artırarak yeni arzular ve düşüncelerin kaynağı olarak hizmet edecektir. İnsanın gelişiminde sosyal çevresinin öneminden dolayı, önümüzdeki iki bölümü bu konuya adayacağız.

Ne yapmalıyız?

Pozitif bir geleceğin buna bağlı olduğunu kabul ederek, Doğa'nın gücüyle dengeye ulaşmanın faydalarını düşünmeye başlamalıyız. Düşüncelerimizi, nerede olursa

64

olsunlar tüm insanları kapsayan tek ve bütünleşmiş bir sistemin parçaları olduğumuz üzerine odaklamalıyız ve başkalarıyla da buna göre bağ kurmalıyız.

Başkalarına karşı doğru özgecil bir yaklaşım; niyetimizi, düşüncemizi ve ilgimizi onların iyiliği için yönlendirmemiz anlamına gelir. Düşüncelerimiz başkalarına hedeflenmiş ise, onların yaşamlarını sürdürebilmek için ihtiyaçları olan her şeyi almalarını isteriz. Ancak, fiziksel iyiliğin ötesinde, düşünce gücümüzü başkalarının farkındalık seviyesini yükseltmeye odaklamalıyız. Her bir kişinin kendisini bütünün parçası olarak hissetmesini ve buna göre işlev görmesini istemeliyiz.

Bu, düşünce seviyesinde ilk ve en önemli içsel çalışmadır. Bu düşünce üzerine düşünmek ve aklımızdan çıkartmamak önemlidir. Mutluluğumuz ve iyiliğimiz bu düşüncelere bağlı olduğundan böyle düşüncelere büyük önem atfetmeliyiz. Bu düşünceler sayesinde problemlerimizden ve güçlüklerden kurtulacağız. İlk etapta soyut görünebilir ancak pozitif bir gelecek tamamen ve sadece buna bağlıdır.

Başkalarına karşı içsel özgecil yaklaşımın dışında -düşünce bazında- aynı zamanda onlara karşı özgecil davranışlar da gerçekleştirebiliriz; hayatın amacı ve ona nasıl ulaşılacağıyla ilgili bilgilerimizi paylaşabiliriz. Eğer bu bilgiyi başkalarına aktarırsak ve onlar da problemin farkındalığına ortak olurlarsa, çözümle ilgili aynı düşüncelere ve zihinsel yaklaşıma sahiplerse o zaman parçası olduğumuz eşsiz sistemde pozitif bir değişimi harekete geçirmiş oluruz.

Sonuç olarak, bizim farkındalığımız artar ve anında yaşamlarımızda pozitif değişiklikler deneyimleriz.

Kaostan Ahenge

Michael Laitman

Başkalarına karşı yaklaşımını değiştiren tek bir kişi tüm insanlıkta değişime sebep olur. Aslında, tek bir birey ile insanlık arasındaki ilişkiyi şu şekilde resmedebiliriz: Siz ve tüm insanlık tek bir sistemin parçasısınız. Ancak, insanlığın diğer üyeleri tamamen sizin onlarla çalışma şeklinize bağlıdır. Tüm dünya sizin elinizdedir. İşte bu, realitenin her bir kişi için nasıl düzenlendiğini gösterir.

Bunu anlamak için yedi milyar, aşağı yukarı dünyadaki insanların sayısı kadar katı olan bir küp hayal edelim. Her bir kat bir kişiyi temsil etsin ve o kişi tarafından yönetilsin. Her bir katın içinde, yedi milyar hücre olsun ve bunların biri sizsiniz. Geri kalan hücreler sizin içinizdeki diğer insanların birleşmesini temsil etsin. Başka bir deyişle, her bir kişi tüm diğer insanlarla iç içe geçmiştir; dolayısıyla, hepimiz birbirimize bağlanmış durumdayız.

Bireyin Doğa'nın tek sistemiyle bütünleşmesi ile -kendi katmanınızdaki diğer hücrelerden birine bile yaklaşımınızı düzeltmiş olsanız- onda kendi parçanızı uyandırmışsınızdır. Bu, o bireyde pozitif bir değişiklik yaratır ki bu da kişiyi diğerlerine karşı yaklaşımını düzeltme isteğine yakınlaştırır.

Ve bu değişim, sadece o tek kişiden daha fazlasını etkiler. Kişinin bütünleştiği tüm diğer hücreleri de dâhil olmak üzere o kişinin tüm seviyesini etkiler. Dahası, diğer hücrelerin her biri küpte kendi katmanına sahiptir ve şimdi bu katman da uyandırılmıştır.

Aslında, tek bir kişi diğerlerine karşı yaklaşımını düzelttiğinde bu tüm insanların farkındalığında bilinçsiz, pozitif değişiklikler süreci olan bir olaylar zincirini kışkırtır. Küpteki katmanlar arasındaki bu etkileşimler tüm insanlığı düzelme ve bütünlüğe doğru teşvik eder.

Şu an insanoğlunun özgecil Doğa'yla zıt olduğunu akılda tutmalıyız. Dolayısıyla, en küçücük bir değişim bile yapmış olsak insanoğlunu Doğa'yla dengeye biraz daha yaklaştırmış oluruz. Artan denge azaltılmış dengesizlik ve bununla birlikte de azalmış negatif olgular demektir.

Başkalarına karşı yaklaşımını düzeltmemiş insanlar bunu henüz hissetmemelerine karşın, bu değişime sebep olanlar bunu anında hissedeceklerdir. Dolayısıyla tek bir sistemin parçaları olduğumuz farkındalığını artıracak düşünceleri ve eylemleri ne kadar sürdürürsek, o kadar kısa zamanda bizi hoş karşılayan bir dünya, zevkli ve iyi bir yerde yaşadığımızı hissederiz.

İnsanın düşünce gücü ve realite üzerindeki can alıcı etkisi, büyük Kabalist Abraham Isaac HaCohen Kook'un (el yazması, sf. 60) şu sözlerinde ifade bulur: "Yaşamın gücünü ve düşünce gücünün gerçekliğini hissetmek, olgunun yüceliğini ve yaşamın uygulamasını ve düşüncenin gerçekliğinin gücünü bilmek alışkanlık gerektirir. Düşüncenin daha da yükseldiğini, arındığını ve cilalandığını anlama farkındalığı vasıtasıyla insan ve dünya da yükselir, arınır ve cilalanır. Ve düşünce gücünün altında olan realitenin tüm yönleri, yükselişleri ve inişleri, her zaman insanın düşünce gücünün yükseliş ve inişine bağlıdır."

Kişinin düşüncesi yükseldiğinde ve başkalarına karşı yaklaşımını düzeltmekle ödüllendirildiğinde, o kişi yeni arzular edinir:

• İbranicede "Kesef" kelimesi "Para" demektir ve "Kisuf" yani "Özlem" kelimesinden gelir. Bu, kişinin başkalarının arzularını edinmesi ve onların memnuniyetlikleriyle ilgilenmesiyle bağlantılıdır; tıpkı çocuklarının bakımıyla

Michael Laitman

uğraşan ve onların ihtiyaçlarını karşılamaktan zevk alan bir anne gibi.

• Saygı; kişi herkese saygı duyar ve onlara ortaklarıymış gibi davranır.

• Bilgi; kişi başkalarının neye ihtiyaç duyduğunu anlamak için herkesten öğrenmeyi ister, onlarla bağ kurmak ve dolayısıyla Doğa'yla dengeye ulaşmak için... Sonuç olarak, kişiye anlayış ve realiteyi saran özgecil düşünce hissi bahşedilir: Doğa'nın düşüncesi... Bu, Doğa'daki en yüksek dereceye, mükemmelliğe, giriştir.

Göründüğünden Daha Kolay

Haz kaynağımızı egoizmden zevk almaktan özgecilikten zevk almaya değiştirdiğimiz düzelme süreci, ilk başta çok karmaşık görünür. Ancak, realite ilk izleniminden çok farklıdır. Dünyada Barış adlı makalesinde Baal HaSulam şöyle der: "İlk bakışta plan, bir hayal ürünü gibi, insan doğasının üzerinde bir şey gibi görünür. Ancak derinlemesine araştırdığımızda, kendi için almak ile başkalarına ihsan etmek arasındaki aykırılığın psikolojik bir olaydan başka bir şey olamadığını görürüz."

"Psikolojik aykırılık" kelimesi terapistler tarafından çözülecek bir problem olduğu anlamına gelmez; tersine problemin, nasıl haz aldığımıza yönelik bizim içsel yaklaşımımız olduğunu gösterir. Egoist memnuniyetliklerden haz almaya öyle alışmışız ki, başka bir şekilde zevk almanın mümkün olduğunu kavramak bile bizim için zordur.

Egoyu düzeltmeden olduğu haliyle yol almak, zaman öldürmek ve hayatın akıntısıyla sürüklenmek, "que sera sera" (ne olacaksa, olacaktır) yaklaşımı, bize daha kolay görünür. Ancak hakikat çok farklıdır. Farkında olmasak da, o çok güvendiğimiz ve bizi her zaman en uygun duruma götüreceğine itimat ettiğimiz egomuz, aslında gerçekten "biz" değildir. Tam tersine ego, içimizde oturan ve isteklerine boyun eğdiren bir zorba gibidir. Açıkçası, bu taleplerin kendi taleplerimiz olduğunu ve egomuzun bizim yararımız için çalıştığını düşünmeye alışmışız.

Gerçekte her şeyi isteyen ego olmasına rağmen egonun; onun hükümdarlığına razı olup olmadığımızı sormadan, bizi oyuna getirirmişçesine ve biz bazı şeyleri istiyormuşuz gibi içimizde çalışarak bize hükmettiğini düşünmeliyiz. Egonun bizden taleplerini yerine getirmenin bize ne kadar çaba ve enerjiye mal olduğunu ve bu muazzam çabanın karşılığında aldığımız ufacık ödülü gördüğümüzde, hali hazırda düzeltilmemiş şekliyle, egoya zalimlerin zalimiymiş gibi muamele ederiz.

Baal HaSulam şöyle der; "Eğer insanlar sarf ettikleri çabayla hayatta gerçekten aldıkları hazzı karşılaştırsalardı, devamlılıklarını sağlayabilmek için katlandıkları acı ve ızdırabın bu yaşamda hissettikleri küçücük hazdan kat kat daha büyük olduğunu keşfederlerdi." (On Sefirot'un İncelenmesi'ne Giriş, Madde 3). Ancak bu gerçek bizden gizlenmiştir.

Egomuz, kendini içimizde gizler ve giydirir, sanki o ve biz aynıymışız gibi. Tekrar tekrar bizi egoist arzuları amaç edinmeye zorlar. Ancak gerçekte özümüz bize göründüğü gibi, egoist zevk alma arzusu değil sadece zevk alma arzusudur. Diğer bir deyişle, "egomuz" gerçekten bizim egomuz değildir ve ikisini ayırt etmeliyiz.

Kişi bu ayrımı yapıp, Doğa'yla dengeyi sağlamak için özgecilik özelliğini edinmek istediği anda Doğa'nın pozitif desteğini hisseder. Egoist eylemlere karşı çaba harcamak ile özgecil eylemlere karşı çaba harcamak arasındaki büyük farkı dikkate almalıyız. Kişi bir kez Doğa'nın niteliğini edindiğinde, gerçekleştirdiği özgecil eylemler bir daha enerji ve çaba gerektirmez. Tam tersine, yükselme, neşe ve zindelik ve doyum hisleri getirerek kolaylıkla ve rahatlıkla uygulanır.

Aslında özgecil eylemler enerji gerektirmez, üretirler. Sebebi de özgecil gücün güneş gibi ışık yayması ve aslında sabit ve tükenmez bir enerji kaynağı olmasıdır. Egoist güç, bununla beraber, her zaman almak ve edinmek ister, dolayısıyla, daima eksiklik içindedir.

Kişi bu olguyu, bir elektrik pilinin negatif ve pozitif kutuplarıyla karşılaştırabilir. Kendisini pozitif güçle özdeşleştirdiği anda, kişi enerji dolu ve sonsuz yeteneklerle dolmuş hisseder. Kişi, kendi içinde sınırsız enerji yaratan ve salıveren sonsuz bir kaynak gibi olur.

Dolayısıyla, Baal HaSulam'ın söylediği gibi, karşı karşıya olduğumuz problem sadece psikolojiktir yani yalnızca görünüşte bize faydası olan egoist hesaplamalardan kopmak ve özgecil hesaplara doğru değişmektedir. Bu yolla, alma arzumuzun anında sınırsız haz deneyimlemesi garantilenmiştir; çünkü gerçek ve tam hazlar sadece başkalarıyla özgecil bağlanmayla bulunur.

Uzun Yol ve Kısa Yol

Özgecilik niteliğini edinmek bizim yaşamdaki amacımızdır. Doğa'nın evrimsel yasası tarafından bu amaca doğru egoizm aracılığıyla itiliriz. Doğa'nın maksadı bizim için gerekli olan ıslahı anlamamız ve farkındalık ve anlayış vasıtasıyla ve başkalarına karşı yaklaşımımızı değiştirme sürecini kabul ederek kendimizi tamamlamamızdır. Dolayısıyla, her birimiz iki yol arasında seçim yapabiliriz:

1. Egoist doğamızı, Doğa'nın özgecil niteliğine göre zararlı ve zıt olarak kabul ederek kendimizi evrimsel süreçte yükseltmek ve onu düzeltme yöntemini öğrenmek.

2. Doğa'yla dengesizlikten kaynaklanan darbeler, baskılar ve ıstıraplar bizi isteğimiz dışında bir düzelme yöntemi aramaya zorlayana dek beklemek.

Baskı ve ıstıraptan kurtularak egoyu ıslah etmek garanti edilmiştir. Ancak bize önce evrimsel süreci seçme, dolayısıyla da egoyu anlamak ve kontrol etmek opsiyonu verilmiştir. Böyle yaparak, Doğa'nın evrensel yasası ile; yani karşılıksız verme ve sevme özgecil yasasıyla hızla ve acısız dengeleniriz. Bu iki tekâmül yoluna, "Islah Yolu" ve "Istırap Yolu" denir.

Eninde sonunda yasalarına uyacağımız Doğa'nın, nihai kazanan olduğu hiç kuşkusuzdur. Ancak bunu nasıl yapmayı seçeceğimiz soru işaretidir. Eğer kendi irademizin dengesine doğru yürümeyi tercih edersek, ıstırap bizi bunu yapmaya zorlamadan, mutlu oluruz. Aksi takdirde, zorluklar bizi arkadan zorlar ve farklı tür bir motivasyon verir. Ne gariptir ki Latince'de hareket ettirici-güdü kelimesi stimulus, aslında daha hızlı yürümeleri için kaba ete dürtülen keskin bir çubuktur!

Var olan en iyi durum olan Doğa'yla denge halini deneyimlemek için önce onun zıt halini, var olan en kötü koşulu deneyimlememiz gerekiyor gibi görünüyor. Bu, her şeyi iki zıtlıktan algılamamızdandır; karanlığa kıyasla aydınlık, siyaha kıyasla beyaz, acıya kıyasla tatlı vb.

Bununla birlikte, kötü hali deneyimlemek için iki yol mümkündür. İlki gerçekten bu durumun içinde olmaktır ve ikincisi de zihnimizde resmetmektir. İşte bu sebepten dolayı duygusal ve zeki varlıklar olarak yaratıldık.

Fiziksel olarak deneyimlemeden Doğa'yla bizim aramızdaki tam dengesizliğin korkunç anlamını hayalimizde canlandırabiliriz. Şöyle yazılmıştır: "Kim bilgedir? Geleceği gören kişi." (Talmud Bavli, Tamid, 32:1). Mümkün olan en kötü duruma ulaşmadan önce bu durumu yeterince açık seçik hayal edebilirsek, bu betimleme bizi gelecek kötülüklerden zaman içinde iyiliğe doğru döndürecek itici güç olarak hizmet edebilir.

Böyle yaparak, muazzam ıstıraptan kurtuluruz ve evrimimizin temposunu hızlandırırız. Tüm kaosun ve problemlerin sebebi hakkındaki bilgiyi yaymak ve bunların çözüm yolu ve yeni bir hayata doğru yönelmek, insanoğlunun ıslah yolunda ilerleyişini hızlandıracaktır.

Başkalarına Karşı Yaklaşımımızı Değiştirmek Doğa'nın Tamamını Dengeye Getirir

Başkalarına karşı yaklaşımımızı değiştirmenin, bizi toplumsal insan derecesindeki problemlerin çözümüne götüreceğini kolaylıkla görebiliriz. Bu; savaşların sonu, şiddet ve terörün sonu ve insanlar arasında genel düşmanlığın sonu demek olacaktır.

Bununla beraber, aynı kargaşa Doğa'nın diğer seviyelerinde de -cansız, bitkisel ve hayvansal- ortaya çıkmaktadır. Peki, onlara ne olacak? Durumları nasıl iyileşecek? Öyle görünüyor ki yeryüzünün, suyun, havanın, bitki örtüsünün ve hayvanların durumlarına eğilebilmek için onlara doğrudan tesir etmeliyiz. Dolayısıyla, Kabala'nın ıslah yönteminin insan ilişkilerine odaklanması ve bu ilişkileri tüm Doğa'nın durumuna bir anahtar olarak görmesi şaşırtıcı değildir.

Egoist insan ilişkililerimizi düzeltmemiz diğer derecelerin durumlarını da etkiliyor olabilir mi? Mesela; bizi tehdit eden ekolojik tehlikeleri ve kaynakların kıtlığını çözebilir mi?

Doğa'nın özgecil gücünün tek güç olduğunu bilmeliyiz. İçinde bölümleri yoktur. Ancak bize kıyasla, cansız doğa, bitkisel doğa, hayvansal doğa ve konuşan doğa olarak bölünmüştür. Başka bir deyişle, Doğa'nın bizi etkileyen dört derecesi vardır. Örneğin cansız seviyede, bizi yeryüzü vasıtasıyla etkilemektedir. Bitkisel seviyede bitkiler ve ağaçlar vasıtasıyla, hayvansal seviyede hayvanlar ve kendi bedenlerimiz vasıtasıyla ve konuşan derecede sosyal çevremiz aracılığıyla etkilenmekteyiz. Ancak hepsi de aynı güçtür ve daha sonra öğreneceğimiz gibi, sadece duyularımız bu gücü birçok seviye ve sayısız güce bölmektedir.

Kişi, özgecil güçle en yüksek denge noktasına aynı düşünce, arzu ve niyette olursa ulaşır. Bu denge seviyesine "konuşan derece" denir. Eğer başkalarını seversek, insanlık tek bir birim olarak var olursa ve birbirimize tek bir organizmanın parçaları gibi bağlanırsak, bizler bu suretle kendimizle ve o en yüksek seviyedeki güç ile denge yaratırız.

Bu yüzden, bu güç tüm diğer alt seviyelerde dengelenir. Dolayısıyla, tüm negatif dengesizlik göstergeleri, bugün her seviyede —cansız, bitkisel, hayvansal ve insan- deneyimlediğimiz ıstırap ve ölüm sona erer.

Bununla beraber, kendimizi Doğa'nın gücüne göre, konuşan seviyeden alt seviyelerle dengelediğimizde; cansız, bitkisel ya da hayvansal seviyelere yaklaşımımızı düzelttiğimizde bu seviyelerde yine de dengesizlik deneyimleriz. Örneğin, Doğa'nın tüm cansız dereceleriyle sevgiyle ilgilenirsek ve toprağı, ozon tabakasını vs. mahvetmekten kaçınırsak cansız seviyede bir denge yaratırız. Ancak bitkisel, hayvansal ve konuşan seviyede dengesizlikler olduğu gibi kalır.

Bu nedenle, Doğa'nın gücünün bize olumlu davranmasına karşın, değişim yine de çok küçük ve sınırlı

olurdu. Eğer insan bitkisel derecede doğaya da sevgiyle davransaydı, elbette o derecede dengeyi artırırdı. Sonuç olarak, koşulumuzun biraz daha rahatlayıp kolaylaştığını hissederdik. Benzer şekilde, Doğa'ya hayvansal derecede aynı şekilde davransaydık, bu, koşulumuzu biraz daha iyileştirirdi.

Ancak bunların hepsi konuşan seviyeyi dengelemeye kıyasla hiçbir şey değildir. Bu nedenle, dengelenmesi gereken içimizdeki konuşan derecedir.

Bu durum, yetenek ve becerilerini göz ardı ederek yaşama bir çocuğun bakış açısıyla yaklaşan bir yetişkinle kıyaslanabilir. Böyle davranmakla yetişkin, Doğa'nın her bir kişiye davranış şekliyle senkronize değildir; yani birey bu potansiyeli fark etmese de Doğa onların içlerine aşılanmış evrimsel potansiyele uygun olarak davranır.

Doğa her şeyi dengeye getirmeyi arzular, ancak bu sadece insanın diğerlerine karşı yaklaşımı özgecil olduğunda başarılır. Bu nedenle, tüm mevcut süreçleri ileriye doğru iten dengeleyici yasa, bizi de dengelenmeye sevk eder, özellikle de konuşan seviyede.

Dolayısıyla, bizler insanlar arasında özgecil bir bağ yaratana dek Doğa'nın gücünü üzerimizde negatif bir etki olarak deneyimlemeye devam edeceğiz. Hislerimiz Doğa'yı farklı seviyelere böldüğünden, realitenin tüm seviyelerinde kaoslar yaratmaya da devam edeceğiz. Bu nedenle, ekoloji gibi tek bir problemle baş etmeye çalışırken, başka problemler her bir taraftan ve çok daha çabuk ortaya çıkacaklar.

Gerçek problemden, yani insanlar arasındaki egoist ilişkileri düzeltmekten kaçmayı ümit edip Doğa'nın daha düşük seviyeleriyle ilgilenmeyi kendimize yediremeyiz. Bütün doğa kesinlikle bizim ilişkilerimizi düzeltmemize bağımlıdır. Eğer gerçekten doğayı geliştirmek istiyorsak, kişisel ilişkilerimiz üzerine çalışmak bunu yapmanın yoludur.

İnsanlar, doğalarının özgür seçim fırsatı bahşettiği tek yaratıklardır; bu seçim sadece insan ilişkilerini düzeltme seviyesindedir. Doğa'nın tüm derecelerinin kapsamlı dengelenmesi yalnız bizim bu seçimin farkına varmamıza bağlıdır.

Dünyada olan her şey yalnız insanoğluna bağlıdır. Zohar Kitabı'nın (Zohar, Vayikra, madde 113) açıkladığı şey budur. Her şeyin, kendimiz ve başkalarıyla aramızda doğru bağlantıyı kurmak ve Doğa'nın özgecilik niteliğini edinmek üzere insanoğlu için var olduğunu ve ortaya çıktığını belirtir. Bu, dünyanın tüm problemlerine nihai çözümü getirecek ve tüm doğa düzeltilmiş bir surette, uyum ve mükemmellik içinde var olacaktır.

Kabalist Kook, bu ifadeyi el yazmalarında şu sözlerle tanımlar: "Yaratılışın gücü ve global idare nihai mükemmellikle uygulanmıştır. Bununla beraber, ıslahtan yoksun küçük bir kısım vardır ve tüm yaratılmış varlıkların ıslahı bunun ıslahının tamamlanmasına bağlıdır. Bu küçük parça, arzusunun şekli ve maneviyatının benzerliğiyle, insan ruhudur. Bu parça insana ıslah etmesi için ve tüm yaratılan varlığı, bununla tamamlaması için verilmiştir." Burada sunulduğu şekliyle, Doğa'nın yasaları Kabalistlerin Doğa'yı bütünüyle incelerken keşfettikleri gizlenmiş yasalardır. Mevcudiyetimizin tüm problemlerinin nasıl çözüleceğini gösterirler. İspat edilemezler ancak mantıklı ve inandırıcı bir tarzda açıklanabilirler. Sonunda, bütün açıklamalardan sonra, bu yasaları kabul edip etmeme kararı bireyindir.

Ve bunun böyle olmasının sebebi Doğa'nın bizim özgürlüğümüzü ve nerede bu yasalardan saptığımızı -ki bu Doğa'nın üzerimizdeki etkisini negatif hissetmemize sebep olan değişimdir- bulmak için çaba harcayıp harcamamak isteğini seçmekte dirayetimizi korumamızı istemesidir.

Eğer bir şeyler karşımızda somut gerçekler, açık ve su götürmez bir şekilde ortaya çıksaydı, derecemizin eşsiz potansiyelini anlamamızın tek yolu olan özgürce seçim dirayetimizi bizden çalardı. İşte o zaman, tamamen Doğa'nın emirleriyle işleyen hayvansal dereceye inmiş olurduk. Doğa, bunu kendimizin tamamlamasını mümkün kılmak ve içimizde tam konuşan dereceyi kendimizin inşa etmesi için bizi böyle bir gizlilik içine yerleştirdi. Eğer özgür seçim fırsatını en iyi şekilde değerlendirirsek başarılı oluruz.

Michael Laitman

Özgürlük Yolu

Her birimiz kendimizi bireysel bir varlık, eşsiz, bağımsız hareket eden bir kurum olarak algılarız. İnsanoğlunun yüz yıllar boyunca belli bir ölçüde özgürlük edinmek için savaşması hiç de tesadüf değildir. Özgürlük kavramı tüm yaratılanları ilgilendirir. Tutsak alındıklarında, özgürlükleri hiçe sayıldığında, hayvanların nasıl acı çektiklerini görebiliriz. Herhangi bir varlık tutsak alındığında, bu Doğa'nın uyuşmazlığına katıksız kanıttır.

Ancak, özgürlük olgusunun kendisini anlayışımız oldukça bulanıktır. Derinlemesine incelersek, geriye neredeyse hiçbir şey kalmaz. Dolayısıyla, bir kimsenin özgürlüğünü talep ettiğimizde, her bireyin aslında özgürlük ve özgürlüğü arzulamanın ne olduğunu gerçekten bildiğini var saymalıyız. Ancak en başta, kişinin, özgür iradeyle hareket etme yetisi var mı görmeliyiz.

Hayat, daha iyi bir yaşamı keşfetmek için sonsuz bir savaştır. Hiç kendimize gerçekte neyi kontrol etmiş olduğumuzu ve neyi etmediğimizi sorduk mu? Başlangıçta her şey zaten planlanmıştır, ancak bizler olayların seyri bize bağlıymış gibi hareket etmeye devam ederiz.

Özgürlük konsepti, yaşamın tamamını kapsayan doğal bir yasa gibi işler. Bundan dolayı, her varlık özgürlüğü arzular. Ancak, Doğa hangi eylemleri seçmekte özgür olduğumuzla ve hangilerinin bize sadece seçim özgürlüğü illüzyonu verdiği ile ilgili bilgiyi bize sağlamaz.

Dolayısıyla, Doğa bizi acizlik, belirsizlik ve kendi içimizde ya da genel olarak yaşam içinde her şeyi değiştirme dirayeti hayali durumuna yerleştirir. Doğa bunu, yaşam koşusuna mola verip, şu soruya biraz zaman adamamız için yapar: "Neyi etkileyebiliriz?". Eğer içimizde ve dışımızda

hangi elementlerin bizi şekillendirdiğini bilirsek, Doğa'nın bize kesinlikle hangi alanda kaderimizi kontrol etme izni verdiğini anlayabiliriz.

Haz ve Acı

Haz ve acı, yaşamlarımızın onlar vasıtasıyla yönetildiği iki güçtür. Kalıtsal doğamız, zevk alma arzusu, bizi önceden belirlenmiş davranışsal formülü izlemeye zorlar: Minimum çabayla maksimum haz alma arzusu. Dolayısıyla, hazzı seçip acıdan kaçmaya zorlanırız. Bunda, herhangi bir hayvan ile bizim aramızda hiç fark yoktur.

Psikoloji, her kişinin önceliklerini değiştirme olasılığını benimser. Bize, farklı kârlılık hesapları yapmamız öğretilebilir. Geleceği herkesin gözünde övmek de mümkün tabii, böylece kişi gelecekteki kazançlar için şu anki büyük acıları deneyimlemeyi kabul edecektir.

Örneğin yüksek maaş ya da saygın bir pozisyon sağlayacak bir iş öğrenmek için eğitime muazzam çaba harcamayı amaçlıyoruz. Hepsi, kâr hesaplama meselesidir. Ne kadar çabanın ne kadar benzer haz getireceğini hesaplarız ve eğer artan miktar haz ise, bunu gerçekleştirmeye çalışırız. İşte bu şekilde inşa ediliriz.

İnsan ve hayvan arasındaki tek fark, insanın gelecekteki bir hedefi beklemesi ve gelecek bir ödül için belli miktar zorluk ve acı deneyimlemeyi kabul etmesidir. Belli bir kişiyi incelersek, tüm eylemlerin bu tür hesaplamalardan kaynaklandığını ve kişinin aslında bu eylemleri gayri ihtiyari gerçekleştirdiğini görürüz.

Zevk alma arzusu bizi acıdan kaçıp hazzı seçmeye zorlasa da, isteyeceğimiz hazzın türünü seçmek elimizden gelmez. Bunun sebebi, neyden zevk alınacağı kararının tamamen bizim dışımızda olmasıdır; çünkü bu başkalarının kararları tarafından etkilenmektedir.

Her bir kişi emsalsiz yasalar ve kültür ortamı içinde yaşar. Bunlar sadece bizim davranışlarımızın kurallarını belirlemez, aynı zamanda yaşamın her safhasına karşı yaklaşımımızı etkiler.

İşin doğrusu; yaşam biçimimizi, ilgi alanlarımızı, boş zaman aktivitelerimizi, yediğimiz yemeği, ya da takip ettiğimiz giyim modasını bizler seçmiyoruz. Bunların tümü çevremizdeki toplumun geçici heves ve zevklerine göre seçiliyorlar.

Dahası, seçen mutlaka toplumun daha iyi tarafı değil; tersine sayıca büyük kısmıdır. Aslında, davranış normlarımız haline gelmiş olan toplumumuzun üslup ve tercihleri tarafından zincirlenmiş durumdayız.

Toplumun takdirini kazanmak yaptığımız her şey için bizi harekete geçiren şeydir. Farklı olmak ve daha önce hiç kimsenin yapmadığı bir şeyi yapmak istediğimizde ya da kimsenin satın almadığını almak ya da hatta toplumdan bir köşeye çekilip kendimizi tecrit ettiğimizde bile toplumun takdirini kazanmak için yaparız. "Benim hakkımda ne derler?" ve "Benim hakkımda ne düşünürler?" gibi düşünceler, ne kadar inkâr edip bastırsak da, bizim için en önemli etkenlerdir. Nihayetinde, bunları itiraf etmek kendimizi yürürlükten kaldırmak gibi görünür.

Seçim Nerede Devreye Girer?

Yukarıdakilerin hangisinde, eğer varsa, özgür seçimi bulabiliriz? Bu soruyu cevaplamak için önce kendi özümüzü anlamalı ve bizi oluşturan elementleri görmeliyiz. 1933'de yazılan, "Özgürlük" makalesinde, Baal HaSulam her

maddenin ve her kişinin içinde onları tanımlayan dört faktör olduğunu açıklar. Bu faktörleri izah etmek için bir buğday tohumunun büyümesi örneğini kullanır. Tohumun büyüme sürecini izlemek kolay olduğundan ve olguyu bütünüyle anlamamızı sağlayacağı için mükemmel bir örnektir bu.

1. İlk Madde – Genetik Özümüz

İlk madde, her nesnenin içindeki genetik özdür. Farklı şekiller alabileceği gibi, kendi içinde, asla değişmez. Örneğin, buğday toprakta çürüdüğü ve şeklini tamamen kaybettiği zaman, onun genetik özünden yeni bir buğday tomurcuğu daha büyür. İlk etken, öz, temel ilkeler, genetik kodumuz, başlangıçtan bizim içimizdedir. Dolayısıyla, bunu değiştirmek ya da etkilememiz olanaksızdır.

2. Değiştirilemeyen Nitelikler

Özün evrimsel yasaları asla değişmez ve her nesnenin değişmez nitelikleri bunlardan çıkar. Örneğin, bir buğday tanesi asla buğday dışında başka bir tahıl üretmeyecektir; sadece daha önce kaybettiği buğday şeklini üretecektir.

Bu yasalar ve onlardan çıkan nitelikler Doğa tarafından önceden belirlenmiştir. Her tohum, her hayvan ve her insan özün evrimsel yasalarını ihtiva ederler. Bizi oluşturan ve etkileyemediğimiz ikinci etken budur.

3. Toplumu Etkileme Yoluyla Değiştirilebilen Nitelikler

Tohum aynı tür tohum kalmakla birlikte, dış görüntüsü dışsal çevreye göre değişir. Bir diğer deyişle, dışsal elementler

81

tarafından etkilenip, kurallar tarafından tanımlandığında, özün zarfı niteliklerini değiştirir.

Dışsal çevrenin etkisi öze daha fazla elementler ekler ve birlikte aynı özün yeni niteliğini oluştururlar. Bu elementler, güneş, toprak, gübre, nem ve yağmur olabilir. Ve yeni buğdayın miktarı ve kalitesini olduğu kadar büyürken karşılaşacağı güçlükleri de belirlerler.

Bu örneği tohum yerine bir insana uygularsak, dışsal çevre ebeveynler, öğretmenler, arkadaşlar, çalışma arkadaşları, kitaplar ve kişinin medyadan kendine kattıkları olabilir. Dolayısıyla, üçüncü faktör yasalar aracılığıyla çevrenin kişiyi etkilemesi ve değişebilen nitelikleri değişmeye teşvik etmesidir.

4. Nesneyi Etkileyen Çevredeki Değişiklikler

Buğdayın büyümesini etkileyen çevrenin kendisi, dışsal elementler tarafından etkilenmektedir. Bu elementler etkili bir şekilde değişebilir; örneğin, tüm tohumların çürümesine ya da kurumasına sebep olan kuraklık ya da sel olabilir. İnsan için ise, bu dördüncü faktör çevrenin kendisindeki değişiklikleri kapsar ki bunlar da daha sonra kişinin içindeki değişebilen nitelikleri nasıl etkilediğini değiştirir.

Dolayısıyla, bu dört faktör her bir nesnenin genel durumunu tanımlar. Bu faktörler kişinin karakterini, düşünüş tarzını ve sonuç çıkarma sürecini tanımlarlar. Hatta herhangi bir anda, kişinin ne istediğini ve nasıl davrandığını bile belirlerler. Baal HaSulam, "Özgürlük" makalesinde bu faktörlerin her birini uzun uzadıya inceler ve şu sonuçlara varır:

1. Kişi genetik kodunu, özünü değiştiremez;
2. Kişi, özünü evrimselleştiren yasaları değiştiremez;
3. Kişi, dışsal elementler aracılığıyla gelişimini etkileyen yasaları değiştiremez;
4. Kişi içinde bulunduğu ve tamamen bağımlı olduğu çevreyi değiştirebilir ve yaşam amaçlarını edinmek için daha uygun bir çevre seçebilir.

Bir başka deyişle, kendi özümüzü ve onun gelişim tarzını tanımlayamadığımız için kendimizi doğrudan etkileyemeyiz. Ayrıca, çevrenin bizi etkilemek için kullandığı yasaları değiştirme yetimiz de yoktur. Ancak, çevremizi geliştirmek yoluyla yaşamlarımızı ve kaderlerimizi etkileyebiliriz. Dolayısıyla, tek özgür seçimimiz; doğru çevreyi seçmektir. Bizi saran koşullarda değişimi teşvik edersek ve çevremizi geliştirirsek, çevrenin değişebilen niteliklerimiz üzerindeki etkisini değiştirebilir ve böylece geleceğimizi belirleyebiliriz.

Doğa'nın tüm derecelerinde -cansız, bitkisel, hayvansal ve insan- sadece insan, kendi arzularını, düşüncelerini ve eylemlerini tanımlayan bir çevreyi bilinçli bir şekilde seçebilir. Dolayısıyla, ıslah süreci kişinin çevresiyle ilişkisi üzerine kurulmuştur. Eğer çevremiz, gelişim için uygun bir temel oluştururşa, muhteşem sonuçlara ulaşabiliriz.

Michael Laitman

Özgür Seçimimizi Gerçekleştirmek

Bizi yaratan dört faktörü özetlersek, sonunda görürüz ki iki kaynak tarafından yönetiliyoruz: Yaratılıştan gelen elementlerimiz ve yaşamlarımız süresince çevremizden kendimize kattığımız bilgiler.

İlginç bir şekilde, bilim de benzer sonuçlara ulaştı. 1990'dan bu yana, davranışsal genetik alanı ilerlemektedir. Bilimin bu dalı genler ve kişilik ve toplumsal kavrayış ve sinirlilik, maceraperestlik, utangaçlık, şiddet ve cinsel arzu gibi davranışsal nitelikler arasında bağlar aramaktadır.

Bu daldaki ilk araştırmacılardan Kudüs, İsrail'deki Herzog Psiko-Geriatrik Hastanesi Araştırma Bölümü Başkanı Profesör Richard Abstein, özelliklerimizin %50'sini genlerin belirlediğini ve geri kalanın da çevre tarafından belirlendiğini öne sürmektedir.

Doğal yapımızı değiştiremediğimizden, gelişimimizin bağlı olduğu ikinci elemente dönmek zorundayız; çevremiz. Yaşamımızın amacını gerçekleştirme doğrultusunda ilerleyebilmek için yapabileceğimiz tek şey bizi buna doğru itecek çevreyi seçmektir.

"Özgürlük"te Baal HaSulam şöyle açıklar: "Dolayısıyla, sürekli daha iyi çevre seçmeye çabalayan kişi, övgü ve ödüle layıktır. Ancak burada da kişinin kendi seçiminden kaynaklanmayan iyi düşünce ve işlerinden dolayı değil de, kişiye bu iyi düşünce ve işleri getiren iyi bir çevre edinme çabasından dolayı..."

Optimum gelişim için uygun bir çevre seçip yaratmak için çabalayan kişiler, dolayısıyla kendi kişisel potansiyellerini gerçekleştirebilirler. Bu prensibi anlamak

epeyce bir farkındalık gerektirir, ancak görünen o ki birçokları zaten bunu edinmişler.

Davranışımızı egoistten özgecile çevirmek istiyorsak, kendimizi, başkalarının iyiliği ile ilgilenme ve onlarla bağlanma arzumuzun, kendi egoist elde etme arzumuzdan çok daha büyük olduğu bir duruma getirmeliyiz. Bu, sadece çevremizin değerleri özgeciliğin en yüksek değer olduğunu tasvip ederse olabilir.

Sosyal ve egoist varlıklar olarak yaratıldık. Dolayısıyla, bizim için etrafımızdakilerin görüşlerinden daha önemli bir şey yoktur. Aslında, yaşamımızın amacı toplum tarafından takdir edilip övülmektir. Tamamen ve gayri ihtiyari olarak toplumun görüşleri tarafından kontrol edilmekteyiz ve onun takdiri, kabulü, saygısı ve ünü için yapabileceğimiz her şeyi yapmaya razıyız. Bu sebepten dolayı toplum, üyelerine geniş bir yelpazede değer ve davranışlar aşılayabilir.

Toplum aynı zamanda, öz saygı ve izzetinefsimizi ölçmede kullandığımız kriterleri de yapılandırır. Dolayısıyla, yalnızken bile, toplumun kodlarına göre çalışırız. Bir başka deyişle, gerçekleştirdiğimiz bir hareket ile ilgili hiç kimse haberdar olmasa bile, biz bunu yine de öz takdir için gerçekleştiririz.

Başkalarını düşünme ve tek bir sistemin parçaları olarak başkalarıyla bağ kurma arzumuzu inşa etmeye başlamak için bunu destekleyen bir toplumun içinde olmalıyız. Etrafımızdaki insanlar özgeciliği en yüksek değer olarak takdir ederlerse, her birimiz doğal olarak buna itaat etmeye ve benimsemeye zorlanacağız.

İdeal olarak, çevremiz şunu ortaya çıkarmalı: "Doğa'yla dengeye ulaşmak, başkalarına ve parçası olduğumuz tek sisteme karşı iyi olmak..." Bizi saran çevremizde özgecilik

85

Michael Laitman

arzusu aşikâr olduğunda, bu değeri ondan kendimize katarız. Gittiğimiz her yerde özgeciliği anımsatıcı şeyler ve ona saygı ile karşılaşırsak, başkalarına karşı yaklaşımımız değişir. Giderek, özgeciliği daha çok düşündüğümüzde, tek sistem içinde sağlıklı parçalar olmayı daha çok isteyeceğiz.

Çevre, bizi daha yüksek seviyeye kaldıran bir vince benzetilebilir. Dolayısıyla, hayatımızın amaçlarını karşılamaya doğru ilk adım, bunları destekleyecek en uygun çevreyi düşünmek ve aramaktır. Seçtiğimiz çevrede olmanın etkilerini kendimize kattığımızdan, hedeflerimize doğru daha emin ilerleriz.

Söylediğimiz gibi, düşünce gücü doğadaki en güçlü kuvvettir. Dolayısıyla, daha iyi bir çevrede olmayı arzularsak, yaratılıştan olan gücümüz bizi gelişebileceğimiz bir çevreye doğru ilerletecektir. Çevremizi iyileştirmeye ne kadar odaklanırsak bunu gerçekleştirecek o kadar çok imkân önümüzde açılacaktır.

Çevremiz, Doğa'yla denge aramaya sürüklenmiş insanlardan oluştuğunda, onların örneklerini kullanabilip, onlar tarafından yüreklendirilip harekete geçirileceğiz. Bu insanlar onlara sevgiyle davranmak istediğimizi anlayacaklar ve bunu nasıl yapacağımızı öğrenmede bize yardım edecekler.

Bu yolla, yani, başkaları üzerinde "alıştırma yapmak" suretiyle Doğa'nın gücüne benzer olmanın anlamını öğreniriz ve bu sevginin içinde olmanın ne kadar güzel olduğunu hissederiz. Böyle bir çevrede, güvende, mutlu ve kaygısız hissederiz. İşte Doğa'nın insanoğlunu yönelttiği yaşam tarzı budur.

Doğa'yı Taklit Etmek

Doğa'nın sevmek ve vermek niteliklerini üzerimize yakıştırma sürecine başkalarıyla ilgilenmeye çaba harcayarak ve herkesin tek bir bedenin parçaları olduğunu kabullenmek suretiyle onlarla bağ kurarak başlayabiliriz. Elbette bu yine de içsel bir ego ıslahı değil, sadece bu süreçteki ilk adımdır.

Aslında, Doğa'yı, bir çocuğun ebeveynlerini taklit ettiği gibi taklit edebiliriz. Çocuklar ebeveynlerinin ne yaptıklarını anlamasalar da onlar gibi olmak istedikleri için taklit ederler. Örneğin, bir erkek çocuk babasının çekiçle çiviyi çaktığını görür ve plastik bir çekiçle babasını taklit eder. Böylelikle, zaman içinde babasının bilgisini kazanır. Doğa'nın sevgi ve verme niteliğini taklit etmeyi denersek, bu taklitçilik bizden daha yüksek bir derece olarak hizmet edecek ve içsel özelliklerimizde de ona ulaşmak isteyeceğiz.

Başkalarının iyiliği ile ilgilenmek iki güdüden kaynaklanabilir:

1. Toplumun saygı ve takdirini arzulamak.

2. Sadece kendini takdir etme niteliği yerine, sevgi ve başkalarına karşı verici olma niteliğinin yüceliğini kalpten kabul etmek.

Tıpkı babasının ne yaptığını tam olarak anlamadan da olsa bir çocuğun onu taklit ettiği gibi Doğa'yı taklit etmek, ikinci değil ilk sebepten dolayı başkalarıyla ilgilenmek anlamına gelir. Bu tarz bir taklit gelişim ve büyüme mekanizmasının temelidir ve onsuz yapamayız.

Michael Laitman

İlk başta, başkalarıyla sadece toplumsal takdir kazanmak için ilgileniriz. Bununla birlikte, zaman içinde başkalarına karşı özgecil yaklaşımın sağladığı toplumsal takdiri dikkate almaksızın, kendi içinde yüce ve olağanüstü bir şey olduğunu hissetmeye başlarız.

Doğa'nın gücünün kendisini, o sonsuz ve sınırsız mükemmel gücü, gerçekten hissetmeye başladığımızda, böyle bir özgecil yaklaşımın mükemmel ve sınırsız hazzın kaynağı olduğunu anlarız.

Bir diğer deyişle, Doğa'nın gücünü taklit etme çabamız vasıtasıyla, Doğa'nın niteliğinin kendi içinde bütünlük olduğunu hissetmeye başlarız. Bu his bize içsel bir değişim aşılar; yavaş yavaş sevme ve verici olma özelliklerinin doğuştan gelen kendimiz için almak özelliğinden daha yüce ve asil olduğunu anlarız ve bu özellikleri isteriz.

Bu şekilde içinde yaratılmış olduğumuz seviyeden daha yüksek bir seviyeye, Doğa'nın kendi gücünün seviyesine yükseliriz. Bu gücün ahenk ve mükemmelliğine dahil oluruz. Doğa'nın evrimsel yasasının insanlığı götürdüğü yer burasıdır.

Yeni Bir Yön

Şimdilik kişi kendisini Doğa'nın gücüyle dengelemeye başlar, kendini değiştirme baskısı azalır. Bu, sırasıyla kişinin yaşamındaki negatif olguyu azaltır. Aslında, Doğa açısından düzende bir değişiklik olmaz; değişen bireydir. Dolayısıyla, bu değişimin kendisi kişide Doğa'nın gücünün etkisinin değiştiği hissini yaratır.

Ancak, insanlar öyle yaratılmışlardır ki kendimizin değil de dışımızdaki şeylerin değiştiğini hissederiz. Realite insan aklında ve duyularında bu şekilde algılanır. Ancak gerçekte, Doğa'nın gücü sabit ve değişmezdir. Ona benzersek bütünlük hissederiz. Eğer O'na bütünüyle zıtsak bu gücün bize tamamen karşı olduğunu hissederiz. Bu iki uç arasında da orta aşamaları hissederiz.

Bugün bizimle Doğa'nın özgecil gücü arasındaki karşıtlıklar birbirine %100 zıt değildir, çünkü egolarımız henüz maksimum gelişim seviyesine ulaşmamıştır. Bu, deneyimlediğimiz negatif olgu seviyesinin olabilecek en kötü halinde olmadığı anlamına gelir. Bu aynı zamanda, bazılarımızın dünyanın karşılaştığı genel buhranı hissetmemesinin de sebebidir.

Bu arada da egolarımız günlük olarak büyür ve Doğa ve bizim aramızdaki karşıtlığı yoğunlaştırır. Bizi ıstırap deneyiminden korumak için bu karşıtlık zorunludur ve evrimin seyrini değiştirmek için özgecilik niteliğini edinmeye doğru yol almaya başlamalıyız. Ve buna en yakın zamanda başlamalıyız.

Bunu yaptığımızda, varoluşun tüm seviyelerinde anında olumlu karşılık hissederiz. Örneğin bir adamın kötü davranan bir oğlu olduğunu farz edelim. Baba oğulla konuşur

Michael Laitman

ve huyunu değiştirmesi için ikna etmeye çalışır. Sonunda, şu andan itibaren temiz bir sayfa ile başlamaya karar verirler ve oğul da huylarını düzeltir. Eğer bir sonraki gün çocuk birazcık da olsa huyunu düzeltirse babanın ona yaklaşımı anında daha iyiye doğru düzelecektir. Dolayısıyla, her şey sonuca göre değil, yöne göre ölçülür ve yargılanır.

Daha fazla insan kişisel ilişkileri düzeltmeyle ilgilendiğinde ve yaşamları buna bağlı olduğundan bu yaklaşımı en önemli şey olarak saydığında, onların sıradan endişesi kamuoyu haline gelir ki bu da toplumun tüm üyelerini etkiler. Aramızdaki içsel bağdan dolayı dünyadaki herkes, en ücra yerlerdeki insanlar bile, anında diğer tüm insanlara bağlı ve onlara bağımlı olduklarını hissederler. İnsanlar, kendi aralarındaki ve insanlığın geri kalanıyla aralarındaki karşılıklı bağımlılık hakkında düşünmeye başlayacak.

Çeşitli bilimler, öncelikle kuantum fiziği, bir elementteki değişikliklerin diğer elementleri etkilediğine dair deliller sunmaktadır. Profesör Ervin Laszlo, Kaos Noktası: "Dünya Dönüm Noktasında", isimli kitabında bugünün kuantum fiziğinde rutin olan deneyleri anlatıyor. Bu deneyler, diğer parçacıklardaki değişikliklerle ilgili bilgi her mesafeyi eş zamanlı kat etse bile, her parçacığın diğer parçacıklara gerçekte ne olduğunu bildiklerini gösteriyor.

Bugün, fizik, yer ve zaman olarak ayrılmış olduklarında bile parçacıklar arasında, sabit karşılıklı bir ilişki olduğunu ortaya koymaktadır. Bu fenomen en küçüğünden en büyüğüne evrendeki tüm yapılara özgüdür.

Dolayısıyla, bilim bugün her şeyin genlerin tabiatında var olduğunu ve çevrenin etkisinde olduğunu keşfediyor; yani "Ben belirlerim ve kontrol ederim." ve "Ben incelerim

90

ve karar veririm." illüzyonlarından uyanmamıza yardımcı oluyor.

İşte bu, gerçek özgürlüğü keşfetmek için esaslı bir fırsatı açığa çıkarır. Egolarımız kölelikten çıkabilir ve tıpkı çocukların yetişkinlerden öğrendiği gibi, Doğa'yı taklit etmemize yardım edecek bir çevre yaratarak özgecilik niteliğini edinebiliriz.

En büyük araştırmacılar, insanların akıllandıkça Doğa'da gizli harikulade bilgeliği keşfettiğini hep biliyorlardı. Tüm keşiflerimiz bir araya geldiğinde, var olan sırrına erişilmez bilgeliğin bir dalından başka bir şey olmadığımızı sadece anlamamızı sağlarlar ki bu da bize olgunlaşıp bunu öğrenmeye hazır olduğumuzda açılır.

Albert Einstein'ın sözleriyle (19 Nisan 1955, New York Times biyografisinde aktarıldığı şekliyle): "Benim dinim, zayıf ve iradesiz aklımızla algılayabileceğimiz, kendini en küçük detaylarda gözler önüne seren, sonsuz üstün ruha mütevazı bir hayranlıktan oluşur. Akıl almaz Evrende gözler önüne serilen, üstün akıl gücünün varlığına olan bu içten duygusal inanç benim Tanrı düşüncemi oluşturmaktadır."

Bnei Baruch Eğitim ve Araştırma Enstitüsü

Kaosdan Ahenge

Michael Laitman

HAYATIN AMACI İÇİN HER ŞEY HAZIR
Nesillerin Evrimi

Toplum bugün egoist bir toplumdur. Buna rağmen, özgecil bir toplum olmasına yardım edecek yeterli hazırlığı da bulunmaktadır. Aslında, nesiller boyunca insanlığın evrimi bu nesilde sadece hayatının amacını anlamasına hazırlamak için yapılmıştır.

"Barış" makalesinde Baal HaSulam nesillerin evrimini şöyle anlatır: "...dünyamızda bedenlerimizin olduğu gibi yeni ruhlar yoktur, ancak sadece her seferinde yeni bir nesilde yeni bir bedenle giyinen form dönüşümü çarkında reenkarne olan belirli sayıda ruhlar vardır. Dolayısıyla, ruhlara gelince, yaratılışın başlangıcından ıslahın sonuna dek gelişip ıslah olana dek yaşamını birkaç bin yıla yaymış tek bir nesil gibidirler, tıpkı olması gerektiği gibi."

Nesilden nesle ruhlar veri toplarlar ki bu da bizi sonunda mevcut evrim seviyemize getirir. Bu uzun gelişimin sonunda, konuşan seviye yani insanlar "Islah Olmuş Konuşan" dediğimiz yeni bir seviyeye yükselmelidir.

Bizden önceki nesillerin evriminin etkisini anlamak için, bizdeki içsel veriyi bilgi parçalarıyla karşılaştırabiliriz. Bu tür bilgi parçaları realitede var olan her nesnenin içinde vardır ve tüm maddenin içsel verisini kapsar.

Gerçekte, her bir element hakkında çok büyük miktarda bilgi kapsayan bir yerde yaşıyoruz. Bu, "Doğa'nın Düşüncesi" denilen bir bilgi alanıdır ve bizler onun içinde var olmaktayız. Bir elementte oluşan herhangi bir değişim; mesela mevcut halini devam ettirme çabası, bir durumdan başka bir duruma dönüşüm, onu işleten güçler, bu güçlerin diğer elementler üzerinde işlemesi, içsel değişimler, dışsal değişimler, bütün bu değişimler bilgi alanındaki değişimlerdir.

Her nesilde insanlar dengeli bir varoluş ve iyi bir yaşam formülü ararlar; Doğa'nın onlara bahşetmediği formülü. Bu araştırmalar onların içsel veri birimlerinde ek bilgi olarak kaydedilir. Sonuç olarak, bu bilgi birimleri zaman içinde gelişir.

Daha iyi bir yaşam ve çevremizle baş etme çabamız sayesinde bir nesilde edindiğimiz tüm anlayış ve bilgi, bir sonraki nesilde ilave doğal eğilimler olurlar. Sonuç olarak, her nesil bir öncekinden daha gelişmiştir.

Çocukların dünyadaki yeniliklerle, gerçekte o yenilikleri bulan ebeveynlerinden her zaman daha iyi baş edebildikleri bilinen bir gerçektir. Mesela, bugünün yeni yürümeye başlayan bebekleri cep telefonları ve bilgisayar gibi şeylere çok doğal olarak yaklaşırlar ve onları ebeveynlerinden daha iyi çalıştırmak sadece kısa bir zaman alır.

Öyleyse, nesilden nesile insanlık bilgi ve ilim edinir ve evrimleşir, sanki binlerce yıldır tecrübe edinmiş bir kişi gibi. Son Nesil kitabındaki el yazmalarında, Baal HaSulam bu birikim sürecini yazar:

"Kişinin görüşü, tüm resimlerin, faydalı ve zararlı eylemlerin kabul edildiği bir ayna gibidir. Kişi tüm bu girişimleri inceler, faydalı olanları seçer ve zararı dokunmuş olanları reddeder -buna 'hafıza beyni' denilir. Örneğin, bir tüccar, hafıza beyninde, kaybettiği tüm malları ve sebeplerini izler ve benzer şekilde kâr getiren mallar ve sebeplerini de.

Bunlar kişinin kafasında, ta ki iyi ve başarılı bir tüccar olana dek, faydalı olanların seçildiği ve zararlı olanların reddedildiği bir girişimler aynası gibi düzenlenmiştir. Bu, her bir kişinin yaşam içindeki deneyimlerine benzer. Ve aynı şekilde halka ve bütüne göre yerine getirilen tüm eylemlerin kaydedildiği, halkın da ortak bir kanısı, hafıza beyni ve ortak izlenimleri vardır."

İçimizdeki bilgi birimlerinin evrimi, bizi sadece Doğa'nın gücüne nasıl ters olduğumuz farkındalığının başlangıç seviyesine getirmiştir. Dolayısıyla, neden bu şekilde yaratıldığımızın açıklamalarını dinlemeye istekli hale geliyoruz. Dahası, ulaşmamız gereken amacı anlayabilecek duruma geliyoruz.

Birçoğumuzun içinde hayatla ilgili açılan içsel boşluk ve uçurumun artık tesadüf olmadığını biliyoruz. Bunlar yeni bir arzunun yaratılışının sonuçlarıdır, insanoğlunun varoluşun daha üst seviyesine, "ıslah olmuş konuşan" seviyesine çıkması içindir. Bu, hayatın amacını anlamaya doğru bilinçli ilerleyebileceğimiz evrimsel bir safhadır.

Toplumun Özgeciliğe Yaklaşımı

Özgecil bir toplum inşa etmek halk tarafından geniş ölçüde desteklenir çünkü hepimiz kendimizi başka insanların talihsizliklerini paylaşan ve onlara yardımcı insanlar olarak düşünmeyi severiz. Bizler böyle yaratılmışız. Teorik olarak, egoist olduğumuzu ve başkalarına karşı düşünceli olmak istemediğimizi beyan etmekten bizi alıkoyan hiç bir şey yok. Ancak hiç birimiz kendi egoistliğimizden memnun değiliz.

Doğal olarak, toplum kendisine katkıda bulunanları takdir eder. Dolayısıyla, her insan bu şekilde görünmek için uğraşır. Her birey, toplum, halka mal olmuş kişi, ya da hükümet kendisini özgecil olarak tanıtmak ister. Dahası, hiçbir kişi başkalarını egoist olmaya teşvik etmez çünkü bu kendisine de zararlı olur. Bu sebepten dolayı, en büyük egoistler bile sadece toplumun takdirini kazanmak için değil aynı zamanda karşılığında başkalarının özgeciliğinden faydalanmak için de kendilerini özgecil olarak sunarlar.

Kendilerini egoist olarak tanıtan son derece tuhaf insanlar olmasına karşın, topluma zararlı kişiler olmaktan gurur duyduklarını ima etmekten ziyade "Bana bakın, ben özelim!" demek istiyorlar.

Dolayısıyla, hiç kimse dünyada özgeciliğin açıkça yayılmasına itiraz etmez. Bazı insanlar özgeciliği daha aktif, bazıları da daha pasif destekleyeceklerdir, ancak kimse itiraz edemeyecektir. Derinlerde hepimiz egoistliğin her şeyi öldürdüğünü ve özgeciliğin yaşam ve canlılık veren pozitif bir element olduğunu hissediyoruz. Bu yüzden, bizler kendimiz egoist olsak bile çocuklarımıza başkalarına karşı düşünceli olmalarını öğretiriz.

Michael Laitman

Kendine Güvenen Mutlu Çocuklar Nesli

Her birimiz çocuklarımıza yaşam için en iyi araçları vermeye çalışırız. Bu sebepten dolayı onları özgecil olmaları için sezgisel büyütürüz. Aslında, genç nesli eğitmek her zaman özgecil değerler üzerine kurulmuştur.

Çocuklarımızı başkalarına karşı iyi kalpli olmak üzere yetiştiririz çünkü bilinçaltında biliriz ki diğerlerine karşı zalim olmak sonunda zalim kişiyi incitir. Aynı şekilde, çocuklarımıza güvence vermek isteriz ve sadece özgecil eğitim vasıtasıyla başarabileceğimizi hissederiz.

Dolayısıyla, kişinin kendisine güveni şahsına bağlı değildir, sadece içinde bulunduğu çevreye bağlıdır. Kişinin çevresi, bireyin çevresine olan yaklaşımını yansıttığından dolayı, tüm kötülükler bize çevremizden gelir. Ancak özgecil değerleri yükseltirsek toplumun bize zarar vermeme şansını artırırız.

Tarih boyunca her ülkede, her toplum çocuklarına özgecil değerler vermek istemiştir. Yalnızca çok güçlü bir birey, mesela ordusu arzusunu zorla yerine getirmeye hazır bekleyen zalim bir hükümdar çocuklarına merhametsiz, düşüncesiz ve acımasız olmayı öğretmeyi göze alabilir. Tabii böyle bir kişinin çocuklarının hayatta kalabilmek için çok büyük korumaya ihtiyacı olacaktır. Onlar herkese karşı tetikte olmak ve kendilerini silah gücüyle korumak zorunda kalırlar.

Başkalarına karşı iyi bir yaklaşım; güvenlik, huzur ve sakinlik hissi verir ki bu hiçbir şeye değişilmez. Bu nedenle, çocuklarımızı bu değerlerle büyütmeye çalışırız. Ancak -ki bu önemli bir noktadır- zaman içinde çocuklarımız görürler

ki biz kendimiz başkalarına karşı bu şekilde davranmıyoruz ve böylece onlar da bizim gibi egoist olurlar.

Doğru eğitim iyi örnekler üzerine kurulur. Çocuklarımıza, başkalarına karşı özgecil davranış örneği gösteriyor muyuz? Onları küçükken özgecil olmaları için büyütmemize rağmen, cevap muhtemelen olumsuzdur. Ebeveynlerinin kendisine öğrettiklerini yapmayıp sadece konuştuklarını gören çocuk onların sözlerinin boş ve yanlış olduğunu hisseder. Onlar ne kadar çocuklarına itibar edilen davranış yolunu göstermeye çalışsalar da faydasız olacaktır.

Bugün içinde olduğumuz buhran ve tehlikeli geleceğimiz bizi bir değişim yapmaya zorlamaktadır. Şimdiye kadar, bizler kendi nasihatimizi örnek almadan, çocuklarımıza bir şey yapmayı öğrettik. Ancak şimdi başka seçeneğimiz yok. Başkalarına karşı kendi egoist yaklaşımımızı değiştirmeliyiz.

Daha da fazla insan özgecil davranmaya başladıkça, çocuklarımızın içinde doğacağı realite değişecektir ve onlar bizim için anlaması zor olan şeyi kolaylıkla kavrayacaklardır. Onlar hepimizin tek bir sistemin parçası olduğumuzu ve buna göre ilişkilerimizin özgecil olması gerektiğini kabul edeceklerdir. Kendimiz ve çocuklarımız için yapabileceğimiz daha iyi bir şey yoktur.

Michael Laitman

Egoistler ve Başkalarını Düşünen Özgeciler

Bazı bireylerin başkalarına yardım etmek için doğal bir eğilimleri vardır. Bu, ıslah süreci için insanlarda var olan ek bir hazırlıktır. Genellikle, başkalarının duygularını anlayabilme yeteneği, onlarla ilişki kurmaktan daha çok haz almamızı sağlar.

Bununla birlikte, bazı insanlar başkalarını farklı yaşarlar. Onlar gerçekten de başkalarının acılarını sanki kendilerininmiş gibi hissederler. Dolayısıyla, başkalarına karşı yardım etmeye ve çaba göstermeye doğru zorlanırlar aynı zamanda da kendi acılarını hafifletirler. Bu insanlar başkalarını düşünen egoistlerdir. Kısacası, her ne kadar gerçekte onlar da başkalarının acılarını hissetmeyen egoist dostları kadar çok benmerkezci olsalar bile biz yine de onlara "özgeciler" diyelim.

Egoistler başkalarının acısından ıstırap çekmezler; dolayısıyla, onları istedikleri gibi kötüye kullanabilirler. Özgeciler ise başkalarının acısından ıstırap duyar; dolayısıyla, incitici söz söylememeye bile dikkat ederler. İki tür de bu eğilimleri Doğa'dan alır. O nedenle, bu farklar "iyi insan" ya da kötü insanı" yansıtmaz, bunlar sadece kişinin Doğa'nın emirlerine boyun eğmesinin kanıtıdır.

Davranışsal genetik araştırmasında Profesör Abstein, kişinin başkalarına karşı iyi olma yeteneğini etkilemek için belli bir gen sırasını değiştirmenin mümkün olduğunu keşfetti. Araştırmacılar, özgecil davranışın, iyilik eden kimsenin beyninde salgılanan ve hoş bir duyguyu harekete geçiren kimyasal formda "dopamin" denilen bir ödülü olduğunu varsayıyorlar.

Dünya nüfusunun yaklaşık %10'u bu tür "özgeci egoist"tir. Baal HaSulam'ın, sosyal öğretisini ve gelecekteki düzeltilmiş toplumun şeklinin tanımını kapsayan "Son Nesil" yazmalarında açıkladığı budur. Dolayısıyla, insanlar her zaman %90 egoist ve %10 özgeci olarak bölünmüşlerdir.

Özgeciler toplumun iyiliği, çeşitli alanlarda karşılıklı yardımlaşma, zayıfların iyiliği gibi konularla ilgilenirler. Aslında, özgeciler, ya ilgisizlikten ya da başkalarının zorluklarını hissetme eksikliğinden toplumun el sürmediği vaka ve durumlara el atarlar.

Özgeci kuruluşlar birçok yönde servetler harcayıp muazzam çabalar sarf ediyorlar; yazık ki ihtiyacı olanlara yapılan yardımlar onların durumlarına tatmin edici değişimler getirmiyor.

Afrika bu vaziyetteki olayların bir örneğidir. Geçmişte, Batı yaşamlarına karışana kadar Afrikalılar kendi geçimlerini sağlıyorlardı. Bugün ise dışarıdan yiyecek ve içecek kabul etmelerine rağmen açlık çekiyorlar. Onlar adına toplanan çok büyük miktarda paralar da durumlarını değiştirmiyor; sürekli bir mücadele içindeler ve süratle geriliyorlar.

Dünyadaki durumu düzeltmek için özgeci kurumların denemediği hemen hemen hiçbir şey yoktur. Hâlâ, dünyanın durumu kötüye gidiyor. Olduğumuz gibi devam etmemiz mümkünken, kısa bir mola verip neden insanlığın durumunu düzeltmeyi başaramadığımızı kendimize sormamız akıllıca olurdu.

Cevabın özü şuraya geliyor: Dünyanın tüm sorunları, kişisel ve sosyal, insanın Doğa'yla ilişkilerindeki dengesizliğinden kaynaklanıyor. Buna göre, başkalarına maddesel seviyede yardım etmek kısa vadeli fayda sağlayabilir, ancak bunlar uzun vadede geriler çünkü maddesel yardım insan türünün dengeye gelmesini sağlamaz ve dolayısıyla, sorunu kökünden çözmez.

Elbette, insanlar açlıktan ölürken beslenmeliler. Ancak aynı zamanda, onların ayağa kalkmalarına yardım ettikten ve ihtiyaçlarını karşıladıktan sonra, dikkatimizi onların yaşamdaki gerçek amaçlarının farkındalığını yükseltmeye çevirmeliyiz.

Dünyada ve kendimizde pozitif bir değişime sebep olmak istiyorsak, "özgecil eylem"in tanımını tekrar incelemeli ve daha kesinleştirmeliyiz. Eylemler; insanlığın gerçek, temel değişimine kapsamlı katkısı ve insan ıstırabını kaynağında kökünden söküp atmasıyla ölçülmeli.

Bu durum, ciddi bir hastalığı olan kişinin hastalığın kendisiyle ilgileneceğine sakinleştirici ilaçlar kullanmasıyla karşılaştırılabilir. Bu arada, hastalık kötüleşir ve sonunda galip gelir. Problemlerimizin kaynağı ile ilgili olmayan hiçbir eylem yeterli olmayacaktır ve sadece hastalığı çok daha şiddetli bir şekilde patlaması için geciktirecektir.

Eylemler sadece insanı Doğa'nın ortak özgecil yasası ile dengelemeyi amaçlarsa, hepimizin, ırkları ve milletlerine bakmaksızın nerede olurlarsa olsunlar tüm insanları kapsayan tek bir beden, tek bir sistemin parçaları olduğu gerçeğine olan farkındalığımızı yükseltirse, özgecil kabul edilir. Şu veya bu dertten dolayı acı çeken insanlara yardım etmek için içgüdüsel hayırsever eylemlerden bahsetmiyoruz. Tersine, zayıf ya da güçlü tüm insanlığı Doğa'yla dengeye getirmenin acil gerekliliğinin farkındalığı ile gerçekleştirilmiş eylemlerden bahsediyoruz.

Dolayısıyla, özgecil iyi niyet ve enerji; öncelikle insanlığın "neden bu problemlere sahibiz ve onları

nasıl çözmeliyiz" farkındalığını yükseltmeye doğru yönlendirilmelidir. Bu yolla, toplumun %10 özgecileri şeklinde doğa tarafından bize verilen yardım akıllıca kullanılmış ve bunların muazzam potansiyelleri gerçekleştirilmiş olur.

Yüzde doksan egoist ve yüzde on özgeci ayrımı sadece bütün olarak insanlıkta mevcut değildir. Bu ayrım aynı zamanda her kişinin içinde de vardır. Realitenin ilk yasalarından biri "Genel ve özel parça eşittir," yasasıdır. Bu, bütünde var olan ne varsa onun her bir parçasında da mevcuttur, demektir.

Michael Talbot'un, bu alandaki bilimsel keşiflerin derlemesi olan, Holografik Evren kitabında ispat ettiği gibi evren holografiktir. Baal HaSulam aynı yasayı kendi sözleriyle "Rahme Düşme ve Doğumun Sırrı" makalesinde anlatır:

"Genel ve özel parça, iki su damlası gibi, hem dünyanın dışsallığında, yani gezegenin genel durumunda, hem de kendi içselliğinde karşılıklıdır yani çift taraflıdır. Çünkü tıpkı koca âlemde gördüğümüz gibi, güneş ve onun etrafında ilerleyen gezegenlerin mükemmel sistemini, en küçücük su molekülünde de buluyoruz."

Bu yasa, insanlığın tümünün ayrımında olduğu gibi, egoist ya da özgecil, her bir kişinin yüzde on özgecil güçler ve yüzde doksan egoist güçlerden oluştuğunu gösterir. İnsanlar arasındaki fark, bu güçlerin içsel, bireysel durumundadır.

Bir özgecide yani başkalarını düşünen insanda, verme gücü aktiftir, bir egoistte ise etkisizdir. Ancak her bir kişide verme elementi mevcuttur. Dolayısıyla, Doğa'nın özgecil gücüyle dengeye gelme yeteneğinden yoksun hiçbir insan yoktur. Nihayetinde, bu güçlerin ilk etapta içimize yerleştirilmesi de zaten bundandır.

Michael Laitman

Bütünlük ve Sonsuzluk Gerçeği

Kişi düşünceleri neredeyse oradadır.

Baal Şem Tov

Realitenin Algılanması

Buraya kadar anlatılanların farkına varmaya, tüm insanları birleştiren tek bir sistemin parçası olduğunu düşünmeye başlayan ve bu bilgiyi başkalarına aktarıp onları destekleyici bir ortam yaratan kişi, zaman içinde Doğa'nın özgecilik özelliğini edinmek için çok güçlü ve gerçek bir arzu geliştirir. Özgecilik (kendi yerine başkalarını düşünmek) için katıksız bir arzu edinme yolu maceralıdır ve bu yolu seçenlerin yaşamlarını derin anlam ve emsalsiz doyum ile doldurur. İçinde özgecilik için katıksız arzu yaratıldığı zaman kişi yepyeni bir realiteyi keşfeder. Bu realiteyi ve bunu deneyimleyen kişinin ne hissettiğini anlatmadan önce realitenin ne olduğunu ve onu nasıl algıladığımızı anlamamız lazım.

Bu sorular kulağa gereğinden fazla ve anlamsız gelebilir, çünkü herkes realitenin ne olduğunu biliyor gibidir. Realite, gördüğüm şeylerdir; etrafımdaki duvarlar, evler, insanlar, evren. Realite; dokunup hissedebildiğimizdir, duyduğumuz, tattığımız ve kokladığımız. Bu, realitedir ya da realite midir?

Aslında, realite gözün, kulağın ve burnun karşılaştığından fazlasıdır. Tarih boyunca, en büyük düşünürler tüm enerjisini bu konuya adamışlardır. Zaman içinde, realiteyi nasıl algıladığımıza dair bilimsel yaklaşımlar birkaç değişimden geçmiştir.

En büyük taraftarının Isaac Newton olduğu klasik yaklaşım, insanı dikkate almadan, dünyanın bağımsız var

102

olduğu yaklaşımıdır. Kişinin dünyayı algılayıp algılamaması hiç fark etmez, ya da dünyada yaşayıp yaşamadığı... Dünya vardır ve şekli sabittir.

Zaman içinde, yaşam bilimlerinin evrimi, insan dışındaki yaratılanların hisleri aracılığıyla dünyanın resminin incelenmesine izin verdi. Bilim adamları diğer varlıkların dünyayı farklı biçimde algıladıklarını öğrendi. Mesela, bir arı açısından dünyanın resmi, gözlerini oluşturan sayısız parçacığın her biri tarafından algılanan tüm görüntülerin toplamıdır. Bir köpek ise dünyayı öncelikle "koku parçaları" olarak algılar.

Ek olarak, Albert Einstein gözlemcinin ya da gözlemlenen nesnenin hızını değiştirmenin zaman ve yer ekseninde tamamen farklı bir realite görüşü ortaya çıkardığını keşfetti. Örneğin; uzayda hareket eden bir direk olduğunu farz edelim. Newton'a göre, hıza bakmaksızın, gözlemcinin gözünde direğin uzunluğu aynı görünür. Bunun yanı sıra, Einstein'a göre hızı arttıkça direk kısalıyor gibi görünecektir.

Bu iki keşfin sonucu olarak, dünyanın resminin gözlemciye bağlı olduğunu iddia eden daha ilerici bir yaklaşım geliştirildi. Farklı özellikler ve duyulara sahip gözlemciler dünyayı farklı algıladılar.

Benzer şekilde, farklı devinim durumundaki gözlemciler farklı bir resim algıladılar.

1930'larda kuantum fiziği dünya bilimini kökten değiştirdi. Gözlemcinin, gözlemlenen olayı etkilediğini belirtti. Buna göre, araştırmacıların sorabileceği tek soru, "Ölçümler gerçekte neyi gösteriyor?" olur. Ortaya çıkan objektif süreci araştırmaya çalışmak, ya da objektif realitenin neye benzediğini bulmaya çalışmak anlamsızdır.

Kaostan Ahenge

Michael Laitman

Kuantum fiziğindeki araştırmalar, başka araştırma alanlarındaki keşiflerle birleşerek realiteyi nasıl algıladığımızla ilgili çağdaş bilimsel yaklaşımı oluşturdu: Gözlemci dünyayı etkiler ve dolayısıyla da kişinin algıladığı resmi etkiler. Başka deyişle, dünyanın resmi, gözlemcinin özellikleriyle gözlemlenen nesnenin özelliklerinin birleşimidir.

Yaşam İçinizdedir

Kabala ilminin bugün ortaya çıkışı bizi bir adım daha ileri götürüyor. Binlerce yıl önce Kabalistler bir gerçeği, dünyanın resmi diye bir şey olmadığını keşfettiler. Dünya, insanın içinde yaşanan bir olgudur ve bireyin nitelikleri ile dışarıdaki soyut gücün niteliklerinin benzerliklerini, yani Doğa'nın gücünü, yansıtır.

Söylediğimiz gibi, Doğa'nın gücü tamamen özgecildir. Kişinin özellikleri ve dışarıdaki Doğa'nın gücünün özellikleri arasındaki benzerlik ya da farkın ölçüsü kendini "dünyanın resmi" olarak gösterir. Bunu şu izler; bizi saran realitenin resmi tamamıyla, bizim büsbütün değiştirebileceğimiz, içsel niteliklerimize bağlıdır.

Realiteyi nasıl algıladığımızı daha iyi anlayabilmek için insanı, beş algılayıcısı olan kapalı bir kutuya benzetebiliriz. Bu beş algılayıcı gözler, kulaklar, burun, ağız ve ellerdir ki bunlar da görme, duyma, koku, tat ve dokunmayı tecrübe etmemizi sağlar.

Duyularımızın nasıl çalıştığının örneği olarak duyma mekanizmasına bakalım. Kulak zarına ulaşan ses dalgaları onun yüzeyinde titreşimler yaratır ve bunlar da işitme kemiklerini hareket ettirir. Sonuç olarak, bu hareketleri sese çeviren beyne elektrik sinyalleri gönderilir. Tüm ölçümlerimiz kulak zarından içeriye doğru oluşur ve tüm duyularımız da benzer şekilde çalışır.

Dolayısıyla, gerçekte dışımızda olan bir şeyi değil, içimizde yaratılan tepkiyi ölçüyoruz. Aldığımız seslerin, gördüğümüz görüntülerin, kokuların dağılımı, bunların tümü duyularımızın hassaslığına bağlıdır. Kutumuzun içinde kapalıyız ve dolayısıyla gerçekte bizim dışımızda neler oluyor asla bilmiyoruz.

Tüm duyularımızdan gelen sinyaller kısaltılarak beyindeki kontrol merkezine gönderilir ve alınan bilgi burada, daha önceki izlenimlerimizin toplandığı hafızamızdaki mevcut veri ile karşılaştırılır. Bilgi daha sonra, kontrolümüzde zannettiğimiz, dünyanın resminin gösterildiği beyindeki bir perdeye yansıtılır. Nerede olduğumuzu ve ne yapmamız gerektiğini böyle hissederiz.

Bu süreçte, bizi saran bilinmeyen, dışarıdaki realite gibi görünen içsel bir resim yaratır ve görünürde bilinen bir şey haline gelir. Gerçekte ise, bu dışarıdaki realitenin resmi değildir. Sadece içsel bir resimdir.

Bunların hepsi uzun zamandır bilim tarafından biliniyordu ve Baal HaSulam "Zohar Kitabı'na Giriş" de bunu şu sözlerle anlatıyor: "Görme duyumuzu ele alalım mesela: Koskocaman bir dünya ve onu dolduran muhteşem şeyleri görüyoruz önümüzde. Ancak gerçekte kendi içimizdekinin dışında bir şey görmüyoruz. Bir başka deyişle, arka beynimizde dışımızdaki hiçbir şeyi almayan, sadece bize görünen her şeyi portreleyen fotoğraf makinesi gibi bir şey var!"

Baal HaSulam, beynimizde, meydana geldiğini gördüğümüz her şeyi, sanki bizim dışımızda oluyormuş gibi, tersine çeviren bir çeşit ayna olduğunu söylüyor. Dolayısıyla, realitenin resmi duyularımızın yapısının ve beyinlerimizde daha önceden var olan bilginin bir sonucudur. Eğer başka duyularımız olsaydı tamamen farklı bir resim yaratırlardı. Şu an ışık gibi görünen şeyin karanlık gibi görünmesi, ya da hâlihazırda hayal edemediğimiz bir şey gibi görünmesi çok mümkün.

Bu bağlamda, bilimin uzun zamandır beyni elektrik vuruşlarıyla uyarmanın mümkün olduğunu bildiğini dikkate almalıyız. Bunlar, hafızada birikmiş bilgi ile bir araya geldiğinde belli bir yerde ve belli bir durumdaymış hissi meydana getirir. Dahası, bugün elektronik aletler gibi suni cihazlarla duyularımızı değiştirebiliriz. Duyma zorluğu çekenlere yardımcı yükselticilerden tutun da tamamen sağırlarda elektrot nakillerine kadar sayısız işitme yardımı bulunmaktadır.

Hatta hastanın beynine elektrot yerleştirme yöntemiyle suni göz geliştirilmektedir. Bu "göz" işitsel veriyi görsel veriye çevirmektedir, yani sesleri resimlere dönüştürmektedir. Görmeyi iyileştirmede başka bir gelişme de göze, gözbebeğine nüfuz eden ışık dalgalarını elektrik sinyallerine dönüştüren minik bir kamera yerleştirmektir. Bu sinyaller daha sonra bir resme "dönüştürüldükleri" yer olan beyne iletilir.

Sağlık konusundaki bu meydan okumaların üzerinde tam kontrol sağlamamızın ve duyularımızın alanını genişletmenin, suni organlar ve hatta komple beden yaratmamızın sadece bir zaman meselesi olduğu çok açıktır. Ancak, o zaman bile dünyanın resmi hâlâ içsel bir görüntü olarak kalacaktır.

Görüldüğü gibi, tüm hissettiklerimiz sadece içimizdedir. Dışımızdaki realiteyle hiç ilgisi yoktur. Dahası, dışımızda bir realite olup olmadığını bile söyleyemeyiz çünkü dış dünyanın bizdeki resmi içimizdedir.

Michael Laitman

Doğa'nın Planı

Doğa'yı gözlemlerimiz göstermiştir ki yaşamın oluşması ve devam etmesi için organizmadaki her hücre ve sistemin her bir parçası kendini tamamen içinde bulunduğu bedenin ya da sistemin faydasına adamak zorundadır. Hâlihazırda insan toplumu bu durumda değil, bu da şu soruyu ortaya çıkarıyor: "Peki, nasıl var olabiliriz?". Organizma içindeki egoist bir hücre kanserleşir ve onu barındıran beden ölür. Bizler tek bir sistem içinde egoist parçalarız ve henüz hayattayız!

Cevap şu ki, yaşamlarımız aslında yaşayan olarak tanımlanmamaktadır. İnsanın varlığı, iki dereceye ayrılması nedeniyle Doğa'daki diğer hiçbir derece gibi değildir. İlk seviye hâlihazırda içinde bulunduğumuz seviyedir. Başkalarından ayrı hissederiz ve dolayısıyla, onları düşünmeyiz ve kendi menfaatimize kullanmaya çalışırız.

İkinci seviye, ıslah olmuş mevcudiyet seviyesidir ki burada insanlar tek bir sistemin parçaları gibi karşılıklı sevgi, paylaşım, bütünlük ve sonsuzluk içinde işlev görürler.

İkinci seviyedeki mevcudiyet "yaşam" olarak tanımlanır. Hâlihazırdaki mevcudiyetimiz ise bizi kendi başımıza ıslah olmuş sonsuz seviyeye getirmek için planlanmış bir geçiş dönemidir. Dolayısıyla, çoktan ikinci seviyeye tırmanmış olan Kabalistler, bizim mevcut varlığımızı "hayali yaşam" ya da "hayali realite" olarak tanımlarlar. Bizim seviyemize dönüp baktıklarında, "Bizler de o düş görenler gibiydik," derler.

İlk başta, asıl realite bizden gizlidir ve onu doğal olarak hissedemeyiz. Bunun sebebi, dünyamızı arzularımıza, içsel niteliklerimize göre algılamamızdır. Dolayısıyla, şimdiki durumda tüm insanları bir olarak bağlanmış hissetmiyoruz

çünkü böyle bir ilişkiler tanımı bize itici gelmektedir. Bizim doğuştan gelen egoist zevk alma arzumuz bu tarz bir ilişkiyle ilgilenmiyor; dolayısıyla da bu arzu bizim realitenin gerçek resmini algılamamıza izin vermez.

Bizim şu an algılayamadığımız sınırsız sayıda element vardır. Akıllarımız bizim egoist arzularımıza hizmet eder ve duyularımızı buna göre çalıştırır. Bu yüzden de bize faydasız bir şeyin varlığını ya da egoist bir arzu bağlamında dikkat etmemiz gereken bir şeyi hissedemeyiz. Eğer bir şeyi hissedebiliyorsak, sadece bizim için iyiyse ya da kötüyse hissederiz. Duyularımız bu şekilde programlanmıştır ve buna göre realitenin resmini algılarlar.

Eğer bu resmi doğru bir şekilde tanımlamak istiyorsak, onu tersine çevirip, özgecil arzunun gözünden realitenin nasıl algılandığını anlamaya çalışmalıyız. Farz edelim başkaları için neyin iyi olduğunu hissedebilmemiz için ayar yapılmaya başlanıyoruz. Bu durumda, çevremizde daha evvelden fark ettiğimiz şeylerden tamamen farklı şeyler saptayacağız. Daha önce gördüğümüz her şey şimdi bütünüyle farklı görünecek. Kabalistler bu durumu şöyle tanımlarlar, "Tersine dönmüş bir dünya gördüm." (Talmud Bavli, Pesakhim, 50:71)

İnsanlığın içinde sağlıklı bir parça olmak, Doğa'nın özgecil gücüne benzemek için içimizde yeni bir arzu inşa ettiğimiz zaman, mevcut sistemimizle bağlantısız yeni bir duyarlılık sisteminin başlangıcı anlamına gelecektir. Bu sisteme "ruh" denilir. Ruh sayesinde kişi bütünüyle yepyeni bir dünya resmi edinir, hepimizin haz ve neşeyle dolu, tek bir bedenin parçaları gibi bağlanmış olduğu, gerçek dünyanın resmi.

Kaostan Ahenge

Michael Laitman

Öyleyse şimdi, daha önce "insanlar arasında bağ kurmak" olarak tanımladığımız hayatımızın amacının tanımına biraz incelik katarak tamamlayalım. Şimdi görüyoruz ki yaşamın amacı bilinçli ve isteyerek hayali mevcudiyet seviyesinden gerçek mevcudiyet seviyesine çıkmaktır. Kendimize ve realiteye şimdi gördüğümüz gibi değil, gerçekte oldukları gibi baktığımız bir duruma gelmek zorundayız.

Bir başka deyişle, hâlihazırda kendi egoist duyularımızın araçları içinde hayali bir durum hissediyoruz. Eğer ıslah sürecinde ilerlemek için çabalarsak ve içimizde özgecilik için tam bir arzu oluştururursak, duyu araçlarımız özgecil araçlar haline gelirler. Ve bu özgecil araçlarla durumumuzu çok farklı yaşarız.

Asıl durumumuz sonsuz bir durumdur. Hepimiz tek bir sistem içinde bağlıyız ve bu sistem içindeki enerji akışı ve zevk daimidir. Bu durumda karşılıklı verme vardır; dolayısıyla haz sonsuz ve mükemmeldir. Karşıt olarak, mevcut durumumuz ise kısa ömürlü ve sınırlıdır.

Mevcut yaşam algımız, sonsuz durumdan ruhlarımıza damla damla akan minicik bir can damlasından kaynaklanır. Bu damla; egoist arzularımıza nüfuz eden, onların içinde var olan ve farklılığına rağmen onların ayakta kalmasını sağlayan, Doğa'nın kapsamlı özgecil gücünün bir parçasıdır.

Bu damlanın görevi, bizler varlığın ilk seviyesinde yani fiziksel seviyede, gerçek realiteyi yani manevi realiteyi hissetmeye başlayana dek destek olmaktır. Öyleyse, mevcut geçici yaşamlarımız, gerçek yaşama ulaşma vasıtası olarak kullanılmak üzere bize belli bir süreliğine bahşedilmiş hediye gibidir. Gerçek yaşamda, yaşam anlayışımız sadece

110

bu minik damla değil Doğa'nın tüm gücü olacaktır; yani daha sonra yaşam gücümüz olacak olan vericilik ve sevgi gücü.

Manevi realite, kelimelerin fiziksel anlamındaki gibi üzerimizde değildir. Aksine, niteliksel bir anlayıştır. Fiziksel realiteden manevi realiteye yükselmek kişinin arzusunu özgeciliğe, Doğa'nın sevgi ve vericilik niteliğine doğru yükseltmesidir. Maneviyatı hissetmek demek, tek bir sistemin parçaları olarak nasıl iç içe bağlı olduğumuzu ve Doğa'nın daha yüksek bir derecesini hissetmektir. Hayatın amacı; fiziksel dünyada ve fiziksel bir bedende, fiziksel realiteyi anlamaya ek olarak, manevi realiteye yükselmek ve onu deneyimlemektir.

Doğa'nın planına göre, insanlık sadece ilk, hayali seviyeyi algılama yeteneğiyle yaratılmıştı ve böylece milenyumlar boyunca yavaş yavaş gelişti. Bu zaman zarfında insan, egoist varoluşun ona mutluluk getirmediğinin ve onun, ikinci seviyeye, "ıslah olmuş özgecil varoluşa" değişmesi gerekliliğinin farkına vardıracak gözlemlerini ve deneyimlerini biriktirdi. Egoist gelişimdeki kapsamlı buhran bizi realitenin iki seviyesi arasındaki değişim noktasına yerleştirir.

Dolayısıyla, günlerimize zamanın içinde özel bir nokta olarak bakmalıyız. Doğa'nın, insan evriminin doruk noktası olarak önceden belirlemiş olduğu, tamamlanmış, sonsuz varoluşa doğru hareket ettiğimiz bir dönüm noktasındayız.

Belki de, bizlerin bugün istediği zevklerin, Doğa'nın özgecil niteliğini edinenleri dolduran hazdan çok farklı olduğunu açıklama zamanıdır. Bugün kendimizin eşsiz, özel ve üstün olduğu hissi veren hazlar istiyoruz. Egoist bir arzu sadece belli bir eksikliğe, ya daha önceki bir eksikliğe kıyasla

Michael Laitman

ya da başkalarına kıyasla doldurulabilir. Bu tür hazlar sürekli ve hızlı yenileme gerektirirler, çünkü haz arzuyu tatmin eder etmez onu geçersiz kılar. Bölüm 2'de gördüğümüz gibi... Bu süreç hazların kısa ömürlü olmasına sebep olur. Ego yoğunlaştığında, kişinin başkalarının yıkımlarından doyum hissettiği bir durumu ortaya çıkartır.

Özgecil bir haz tam olarak bunun karşıtıdır. Özgecil haz, başkalarınınki ile kişinin kendi arzularını kıyaslamaz; çünkü o başkasının arzusunu hissetmek ve onu hazla doldurmaktır, dolayısıyla kıyaslama yapmaz. Arzu sadece başkasının içindedir. Benim arzum olmadığından dolayı kıyaslama yapamam çünkü benimle alakalı değildir.

Bir bakıma bunu anne-çocuk ilişkisiyle karşılaştırabiliriz. Çünkü anneler çocuklarını severler ve çocuklarına verdikleri şeylerin zevkle kullanılması onlara haz verir. Çocuk ne kadar zevk alırsa anne daha çok haz duyar. Bir anne her şeyden çok, çocuğu için sarf ettiği çabada tam olarak haz hisseder.

Doğal olarak, böyle bir doyum sadece başkalarını sevme şartıyla mümkündür ve bu doyumun gücü onlara olan sevgimizin ölçüsüne bağlıdır. Sevgi; aslında başkalarına hizmet etmek için onların iyiliğini düşünmeyi arzulamaktır. Bizleri aynı sistemin parçaları olarak gören kimse, hizmeti kendi rolü, devamlılığı ve ödülü olarak görür. Dolayısıyla, bu iki tür haz arasında bir dünya fark vardır.

Özgecilik niteliğini edinmiş bir kimse "farklı bir kalp" ve "farklı bir akla" sahiptir. Böyle bir kişinin arzuları ve düşünceleri bizimkilerden o kadar farklıdır ki realiteyi algılaması bile bir başkadır.

Başkalarına karşı özgecil yaklaşım sayesinde kişi, tek başına bir hücre olma hissinden kurtulur ve ortak

112

bedene bağlanır ve ondan yaşam sağlar. Böyle bir kişi için, iştirakçisi olduğumuz tek sistem canlanır ve birey kapsamlı Doğa'nın sonsuz yaşamını, enerji akışını ve ortak sistemi dolduran ebedi hazzı hissetmeye başlar.

Yaşam algımız iki elementten oluşur: Mantık ve duygu. Kişi, sonu olmayan Doğa'nın hislerini ve mantığını anladığında, işte o zaman o dünyaya girer ve onun içinde yaşar. Böyle bir kişi yaşamını bitmek üzere olan bir şey olarak görmez. Ebedi Doğa ile birleşme... Kişi artık biyolojik bedende bir yaşama sahip olmasa da onun yaşam algısının devamını sağlar.

Fiziksel bedenin ölümü, bedenin realiteyi algılamasının bittiği anlamına gelir. Beş duyu beyne bilgi aktarmayı durdurur ve beyin fiziksel dünyanın resmini beynin ekranında göstermeyi bırakır.

Bununla birlikte, realiteyi manevi algılama sistemi fiziksel dünya seviyesine ait değildir. Bu yüzden, kişi bunu edinir edinmez bedenin ölümünden sonra bile var olmaya devam eder. Ölümden önce manevi sistem içinde varlığını hissetmiş olanlar, bu duygunun bedenin ölümünden sonra da kaldığını keşfederler. "Kişinin ruhunda yaşaması"nın anlamı budur.

Yaşamı şimdi nasıl hissettiğimizle, hissedebileceğimiz yaşam anlayışı arasındaki fark muazzamdır. Bunu tarif edebilmek için Zohar Kitabı, küçük bir mumun parlaklığını sonsuz ışığın parlaklığıyla ya da bir kum tanesini tüm dünyayla karşılaştırır. Manevi yaşamı edinmek, insanlar olarak kendi potansiyelimizi anlamaktır ve bu, hepimizin bu dünyada yaşarken ulaşması gereken şeydir.

Gözlerimizi Açmak

Bu bölümü bitirmeden önce ufak bir egzersiz deneyelim. Kendinizi tamamen karanlık bir odada hayal edin. O kadar karanlık ki hiçbir şey göremiyorsunuz. Tamamen sessiz... Hiç ses yok, hiç koku yok, dokunacak hiçbir şey yok. Boş ve karanlık bir yer... Ve bu yerde o kadar uzun kalıyorsunuz ki duyularınız olduğunu, hatta böyle duyguların var olduğunu bile unutuyorsunuz.

Aniden bir koku ortaya çıkıyor. Daha da keskinleşiyor ve sizi sarıyor, ama tam olarak ne olduğunu kesin bir şekilde belirleyemiyorsunuz. Yavaş yavaş yeni kokular ilkine eklenir; bazıları keskin, bazıları zayıf, bazıları tatlı, bazıları ekşi. Şimdi birçok koku alıyorsunuz, farklı yerlerden geldiğini ve aşağı, yukarı, alt, üst gibi yönleri olan bir yerde olduğunuzu anlıyorsunuz.

Ondan sonra, hiç uyarı olmadan her tarafınızdan sesler çıkıyor, her türlü ses. Bazıları müzik gibi, bazıları kelime gibi ve bazıları sadece gürültü gibi. Bu sesleri kullanarak dünyada yolunuzu daha kolay bulabilirsiniz. Şimdi, mesafeleri değerlendirebilir, aldığınız kokuların ve seslerin kaynaklarını tahmin edebilirsiniz. Artık kokulardan ve seslerden oluşan kocaman bir dünyanız var.

Bir süre sonra, bir şey derinize dokunuyormuş gibi bir duygu keşfediyorsunuz. Kısa süre sonra, daha fazla şeyin dokunuşunu hissediyorsunuz. Bazıları soğuktur, bazıları sıcak, bazıları kuru ve bazıları ıslak, bazıları serttir, bazıları yumuşaktır ve bazılarına karar veremezsiniz. Bu nesnelerin bazıları ağzınıza dokunduğunda garip bir duygu hissedersiniz. Farklı tatları vardır.

Şimdi, sesler, kokular, duygular ve tatlarla dolu bir dünyada yaşıyorsunuz. Başka nesnelere dokunabilir ve

çevrenizi tanıyabilirsiniz. Bu duyulara sahip değilken, tüm bu zaman boyunca böyle zengin bir dünyanın olduğunu hayal bile edemezdiniz.

Doğuştan körlerin dünyası budur işte. Onların yerinde olsaydınız, siz de görme duyusuna ihtiyacınız olduğunu hisseder miydiniz? Hatta görme duyusuna sahip olmadığınızı bilebilir miydiniz? Asla!

Bir bakıma, benzer sebepten dolayı manevi dünyayı hissetmediğimizi söyleyebilirsiniz çünkü ruhumuz yok. Bizler yaşamlarımızı, hissetmediğimiz bir manevi boyutun olduğunu bile bilmeden yaşıyoruz. Hiç kaçırmıyoruz. Hâlihazırdaki dünyamız gayet yeterli. Gün be gün; yıllar ve nesiller boyunca doğuyoruz, yaşıyoruz, zevk alıyoruz, acı çekiyoruz ve sonunda ölüyoruz. Ve tüm bunlar boyunca, keşfedilmiş bütün bir yaşam boyutunun, manevi yaşam boyutunun, varlığından habersiziz.

Ve eğer içimizdeki boşluk, anlam yoksunluğu ve kayıtsızlık su üstüne çıkmaya başlamasaydı bu manevi boyuttan habersiz bir ömür sürüp giderdik. Artık arzularımızı gerçekleştirmek bize yeterli gelmiyor çünkü başka bir şey eksik. Bildiğimiz kadarıyla yaşam ve bize sağladığı her şey yavaş yavaş yetersiz hale geliyor. Aslında bu çok can sıkıcı ve bu yüzden de bu duyguları bastırmayı tercih ediyoruz. Nihayetinde, ne yapabiliriz ki? Herkes bu şekilde yaşıyor.

Gerçekte ise bu duygular yeni bir arzunun uyanmasından kaynaklanıyor; bizlere yabancı bir kaynaktan, daha yüksek, yüce, etrafımızdaki her şeyin üstünde bir şeyden zevk alma arzusundan. İçimizde şimdi uyanan bu arzuyu hakikaten gerçekleştirmek istersek, bu dünyanın ötesinde bir arzu olduğunu keşfederiz.

Kaostan Ahenge

Michael Laitman

Birçoğumuzun içinde böyle bir arzunun ve gitgide büyüyerek ona eşlik eden boşluk hissinin uyanması aslında önceden belirlenmiş olan Doğa'nın planının doğal adımlarıdır. Bu arzu içimizde, bilinenin ötesinde bir şey olduğu hissi yaratır ve bizler onu bulmaya can atıyoruz. Eğer bu arzunun bizi yönlendirmesine izin verip kalplerimizdeki sesi dinlersek gerçek realiteye uyanırız.

Doğa'yla Dengelenmek

Bu bölüm, kitabın konusunun dışında bir konuyla ilgilenmektedir, ancak bu konuya değinmenin bize kitapta anlatılan konulara açıklık getirmekte faydası olabilir.

Bu günlerde, bireyler ve toplum bu zor durumda iken yeni bir trend yayılıyor; Doğa'ya geri dönüş. Bazıları buna değişime doğru bir yol olarak bakıyorlar ve yaşamlarını iyileştireceğini ümit ediyor. Ancak sormamız gereken soru şu: "Doğa'yla dengede olmak ile Doğa'ya dönmek arasında bir ilişki var mı?" Başka bir deyişle, Doğa'ya geri dönmenin, onunla dengeyi bulmakta bize bir faydası olacak mı? Bu bölüm, bu sorulara ve benzer konulara odaklanacaktır.

Doğa'ya geri dönmek, doğayla uyum içinde yaşamaktır, babalarımızın ve dedelerimizin yaptığı gibi. Doğa'ya geri dönmeyi destekleyenler daha temiz hava, organik gıda üretimi ve kırsal yaşama dönüş için çabalıyorlar. Bu fenomene birçok bakış açısı vardır, ancak hepsi eğer insanlık doğaya daha yakın olsaydı bizler de daha dengeli olurduk, genel olarak daha iyi hissederdik, düşüncesi üzerine odaklanırlar.

Eski kabilelerin nasıl yaşadığını incelersek, köklerine ve Doğa'ya ne kadar yakınlarsa, Doğa'nın sevgi gücünü o kadar kolay hissettiklerini görürüz. Bu bağlamda, hayatını şempanzeleri incelemeye adamış ve uzun seneler onlarla yaşamış primatolog ve antropolog Jane Goodall ile yaptığım bir sohbetten bahsetmek istiyorum. Goodall araştırması için sayısız ödül kazandı, bunların içinde, Britannica Ansiklopedisi Üstünlük Ödülü, Ayrıcalıklı Araştırma ve Keşfi için National Geography Society Hubbard Madalyası ve Albert Schweit Ödülü de bulunmaktadır.

Michael Laitman

Onu en çok etkileyen keşfini sorduğumda, uzun yıllar Doğa'nın içinde yaşadıktan sonra Doğa'ya özgü sevgi gücünü hissettiği cevabını verdi. Doğa'yı hissetmeye ve duymaya başladığını ve sevgiyi hissettiğini ve orada kötü hiçbir güç olmadığını, sadece sevgi düşünceleri olduğunu söyledi. Ormanda uzun yıllar yaşayıp gorillerle kaynaşması sayesinde, Goodall, onların duygularını anlamaya başladı. Onların doğayı anladıklarını ve Doğa'nın içindeki sevgiyi yaşadıklarını keşfetti.

Ancak, bizim bu kitapta bahsettiğimiz bu tarz bir denge değil. Doğa'ya dönüş çağdaş bir insana bahşedebilecek en yüce duygunun, Doğa'nın sevgi gücünün, geçici ve tamamlanmamış bir hissidir. Bu his sadece her hayvanın hissettiğinin küçük bir kesitidir. Ancak Doğa insan için bundan çok daha yüksek bir evrim derecesi yaratmıştır.

Doğa'nın bizi mağara ve ormandan dışarı itelemesinin ve tüm o kompleks sistemleriyle insan toplumunu geliştirmeye teşvik etmesinin iyi bir sebebi vardır. Sebep insan toplumunun tam olarak da içindedir; yabancılaşmanın ve başkalarına karşı hoşgörüsüzlüğün üzerine çıkıp, diğer insanlarla aramızda denge yaratmalıyız. Bizleri bu seviyeye yükseltmesi için kendi egomuzu kaldıraç olarak kullanmalıyız. Doğa'ya dönüş çok ilginç bir deneyim olabilir, ancak insan seviyesindeki dengesizlikten dolayı ıstırap çekme problemimizi kökünden sökmemize yardımcı olmayacaktır.

Doğa'ya dönüş sık sık Yoga, Tai Chi, ve çeşitli meditasyon teknikleri gibi geleneksel öğretilerle birleşir. Böyle öğretiler sakinlik, huzur ve bir tür bütünlük hissi sağlarlar. Ancak, bizi Doğa'nın amacını gerçekleştirmeye yakınlaştıramazlar çünkü egoyu bastırıp ortadan

kaldırmaya bel bağlarlar. Böyle yaparak, insan egosunu konuşan seviyeden, insanın içindeki "hayvansal", "bitkisel" ve "cansız" denilen daha aşağı seviyelere indirirler.

Dolayısıyla, bu yöntemler bizi geriletirler ve böylece Doğa'nın bizi ilerlettiği egoyu mevcut durumundan daha yüksek bir seviyeye, "ıslah olmuş konuşan" seviyeye yükseltme yoluna ters düşerler.

Doğa egolarımızı yok etmemize izin vermez ki bunu da yakın bir zamana kadar düşük seviyedeki egoizmlerini koruyan; ancak hâlihazırda ego patlaması yaşayan Çin ve Hindistan gibi ülkelerde açıkça görebiliriz. Bu ülkeler son yıllarda servet ve güç yarışına katılmış ve aradaki birçok neslin farkını rekor bir hızla kapatmışlardır.

Bugünlerde dünyayı silip süpüren egoizm, konuşan derecenin egoizmidir. Bununla baş etmek için tamamıyla farklı bir yöntem ortaya çıkmak zorundadır; yani eğilimi, egoyu azaltma eğiliminin zıttı olan bir yöntem. Kabala bilgeliği egoyu, uygulamada ıslah etmekle birlikte, tam gaz kullanan tek yöntemdir ve bugün tüm insanlığa, Doğa'nın amacını gerçekleştirmek ve bütün olarak yeni bir varoluş seviyesine çıkarmakta destek olmak üzere yüzeye çıkmaktadır.

Konuşan Seviyede Denge

Açıklama maksadıyla, egoyu mevcut konuşan dereceden hayvansal, bitkisel ve cansız derecelere indirmeye bel bağlayan dengeye "Hayvansal derecede denge" diyeceğiz. Hayvansal derecedeki denge ile konuşan seviyedeki denge arasındaki fark, Doğa'nın sevgi gücünü nasıl hissettiğimizin seviyesindedir.

Doğa'yla konuşan seviyede eşitlenmek için kendimizi ve bizlerin ve tüm insanlığın nereye doğru yönlendirildiğini, içinde olduğumuz evrimsel süreci, bu sürecin başlangıcını ve nihai amacını araştırmalıyız. Altında her safhayı deneyimleyebileceğimiz bu evrimde, bu şekilde kişisel tetkik olmadan Doğa'nın düşüncesini edinemeyiz.

Bu tür bir inceleme bizi Doğa'yla konuşan seviyede dengeye götürebilir. Bir başka deyişle, kişiyi ıslah olmuş konuşan seviyeye çıkartır. Bu seviyede ise zaman, yer ve hareket sınırlarının üstüne çıkıp realitenin tüm akışını hissedebiliriz. Sürecin başlangıcı ve sonu bütünleşir ve süreçteki tüm safhalar içimizde nasıl yavaş yavaş yüzeye çıkıyor farkına varırız.

Bu, tüm safhaların şaşılacak bir ahenk içinde nasıl birleştiğini, nasıl birbirlerine bağlı olduklarını ve birbirlerini nasıl etkilediklerini algılamamızı sağlayacaktır. Böylece kişi evrimsel daireyi tamamlar ve artık zaman, yer, ya da süreçlerde başlangıç veya son görmez çünkü her şeyin Doğa'nın planında önceden var olduğunu keşfeder.

Doğa'nın düşüncesini edinmek bizi ilahi seviyede var olmaya yükseltir ve bize bütünlük, ebediyet ve sınırsız haz bahşeder. Dünyamız; bizim bedenlerimizin olduğu yer değildir, bizim kendimizin olduğu yerdir. Ebediyet,

yücelik ve mükemmellik içinde bir realite algılarsak eğer; bu olduğumuz yerdir.

Doğa'nın düşüncesini edinmek daha iyi bir hisse sahip olmakla kalmaz; bu, Doğa'nın kendi gibi sonsuzluk, bütünlük hissine sahip olmaktır. Sadece bu durumdayken -tam edinim; ıslah olmuş konuşan halinde- kişi Doğa'nın gücünü edinenlerin neden onu yani Doğa'yı "iyi ve iyilik yapan" olarak tanımladıklarını gerçekten hissedebilir.

Egolarını konuşan seviyeden hayvansal seviyeye indirenler doğayı iyiliksever olarak hissedebilmelerine rağmen, bu sadece hayvansal derecede bir his olur. Bu vaziyette onlar sadece fiziksel ve psikolojik olarak tatmin olmuş hissederler, ancak bu tatmin kısa ömürlü olmaya mahkûmdur. Egolarımız ardı arkası kesilmeden büyür ve bizi hayvanlardan ayırır; hayvansal halde uzun süre kalmamıza izin vermez.

Diğer taraftan, hayvanların "iyi ve iyilik yapan"ı bir durum, hal olarak hissetmelerine rağmen, konuşan derece bunu devam eden bir süreç olarak yaşar. Dereceler arasındaki fark, düşüncelerini tamamen koparıp atan ve sadece bedensel hazlarla ilgilenmekle tatmin olan bir kişi ile aklını kullanan ve yaşamı başından sonuna dek düşünen kişi arasındaki farka benzemektedir. Yaşam hakkında düşünen kişi Doğa'nın tamamen farklı bir seviyesiyle temas halindedir.

Islah olmuş konuşan seviyede "İyi ve iyilik yapan" hissine ulaşan kişi yaşama salt memnuniyet olma halinden fazlası gözüyle bakar. Aslında o kişi; daha yüksek bir realiteyle, bilgi akışı ve süreçlerle temas halindedir. Böyle biri Doğa'nın bütünlüğü algısından zevk alır. Bu, kişiyi

Michael Laitman

tüm sınırlamalardan kurtarır ve kişi kendini bedeniyle özdeşleştirmeyi bırakır.

Böyle kişilerin düşünceleri, fiziksel duyularda algılanan realitenin ötesinde bir varoluş seviyesine hızla yükselir ve o ebedi, geniş alanın yani Doğa'nın düşüncesinin içine ulaşır. Dolayısıyla, böyle bir kişinin bedeni süresini doldurduğunda, o hâlâ gerçek kendinin devam ettiğini hisseder.

Özetlemek gerekirse, "Doğa'ya dönüş", Doğa'yla dengeyi elde etmedeki manevi süreçle bağlantılı değildir. Hatta içimizdeki konuşan derecede yani düşünme seviyesinde dengeyi arama ihtiyacından bizim dikkatimizi saptırabilir.

Prensipleri bu kitapta sunulmuş olan Kabala ilmi, yaşadığımız tüm evrimsel süreçleri ve Doğa'nın amacına ulaşmak için daha yaşayacaklarımızı kesinkes belirtmektedir. İnsanların farkındalığında çarpıcı bir değişimin eşiğinde olduğumuzu anlatır. Hiç kuşkusuz insanlık, Doğa'nın planını gerçekleştirmeye yaklaşacaktır. Değişmeyen tek soru; "İnsanlık bunu hangi süratle yapacak?" olacaktır.

BNEY BARUH HAKKINDA

Bney Baruh, Kabala bilgeliğini tüm dünya ile paylaşan büyük bir Kabalistler grubudur. 38 den fazla dildeki çalışma araçları bir nesilden diğerine geçmiş otantik Kabala metinlerini temel alır.

Mesaj

Bney Baruh dünya çapındaki binlerce öğrencinin birçok çeşitli hareketinden oluşmaktadır. Her öğrenci kendi kişisel koşullarına ve yeteneklerine göre kendi yolunu ve yoğunluğunu seçer.

Son yıllarda grup, orijinal Kabala kaynaklarını çağdaş bir dille sunan gönüllü eğitim projeleriyle uğraşan bir hareket olarak büyüdü. Bney Baruh tarafından dağıtımı yapılan mesajın özü insanların birlik olması, ulusların birliği ve insan sevgisidir.

Binlerce yıldır, Kabalistler insan sevgisinin yaratılışın temeli olduğunu öğretmektedirler. Bney Baruh kesinlikle Din, Irk, Dil, v.b. bir ayırım gözetmez. Bu sevgi Hz. İbrahim'in, Hz. Musa'nın ve onların kurduğu Kabalist grupların günlerinden beri hakim olmuştur. İnsan sevgisi temelsiz nefrete dönüştüğü zamanlarda, millet sürgün ve ızdırap içine düşmüştür. Eğer bu eski-ama-yeni değerler için bir yer açarsak, farklılıklarımızı bir kenara koyup birleşmek için gerekli olan güce sahip olduğumuzu keşfedeceğiz.

Bin yıldan beri gizlenmiş olan Kabala bilgeliği şimdi açığa çıkıyor. Bizim yeterince geliştiğimiz ve onun mesajını uygulamaya hazır olduğumuz bir zaman için bekliyordu. Bugün Kabala ulusların kendi içlerindeki ve uluslar arasındaki gruplaşmaları, ayrılıkları birey ve toplum olarak çok daha iyi bir durumda birleştirecek bir mesaj ve çözüm olarak ortaya çıkmaktadır.

Tarih ve Kökeni

Kabalist Michael Laitman, Ontoloji (Varlık Bilimi) ve Bilgi Kuramı Profesörü, Felsefe ve Kabala konusunda doktora, Tıbbi Bio-Sibernetik konusunda yüksek lisans yapmıştır ve 1991 de, hocası Kabalist Baruh Şalom HaLevi Aşlag'ın (Rabaş) vefatından sonra Bney Baruh adlı Kabalist grubunu kurmuştur.

Kabalist Michael Laitman akıl hocasını anmak için onun anısına grubuna Bney Baruh (Baruh'un Oğulları) adını verdi. Hayatının son 12 yılında, 1979 dan 1991 e kadar onun yanından hiç ayrılmadı. Kabalist Laitman, Aşlag'ın en önemli öğrencisi ve özel asistanıydı ve onun öğretim metodunun takipçisi olarak tanındı.

Rabaş 20.yüzyılın en büyük Kabalisti Yehuda Leib HaLevi Aşlag'ın ilk oğlu ve takipçisidir. Yehuda Aşlag, Zohar kitabı üzerine yazılmış en kapsamlı ve en saygın tefsirin yazarıdır. Sulam Tefsiri (Merdiven Tefsiri) manevi yükseliş için eksiksiz bir metod ifşa eden ilk Zohar tefsiridir.

Bney Baruh tüm çalışma metodunu bu büyük manevi liderler tarafından kazılmış yol üzerine temellendirir.

Kabala Dersleri

Yüzyıllardır Kabalistlerin yaptığı gibi ve Bney Baruh faaliyetlerinin odağındaki en önemli ögesi olarak, Kabalist Laitman Bney Baruh'un İsraildeki merkezinde her gün 03.00-

06:00 (İsrail ve Türkiye saatiyle) arası verdiği dersler yer almaktadır. Dersler simultane olarak 7 dilde; İngilizce, Rusşa, İspanyolca, Almanca, İtalyanca, Fransızca ve Türkçe olarak çevirilmektedir.

Tüm Bney Baruh faaliyetleri gibi canlı yayınlarda dünyanın her yerinden olan binlerce öğrenci için ücretsiz olarak sunulmaktadır.

Finansman

Bney Baruh Kabala bilgeliğini paylaşmak üzere kâr amacı gütmeyen bir organizasyon olarak kurulmuştur. Bağımsızlığını ve niyetlerin saflığını koruyabilmek için Bney Baruh hiçbir devlet ya da politik oluşum tarafından desteklenmemektedir, fonlanmamaktadır ya da hiçbir kuruluşa bağlı değildir.

Çoğunlukla bu aktiviteler ücretsiz olarak sunulduğu için, grup aktivitelerinin temel kaynağı öğrencilerin gönüllü olarak katkıda bulunmalarından oluşmaktadır.

Kabalist Michael Laitman'ın Kabala'yı Arayışı

Bir çok derste ve röportajda Kabala'ya nasıl geldiğim bana sürekli sorulan bir sorudur. Kabala'dan uzak bir takım konuların içerisinde olsaydım muhtemelen bu sorunun geçerliliğini anlayabilirdim. Ancak Kabala hayatımızın amacının öğretisidir; hepimize çok yakın ve her birimizi ilgilendiren bir konu! Dolayısıyla bence daha uygun bir soru, Kabala'nın kişinin kendisi ve hayat ile ilgili soruları içinde barındırdığını nasıl bulduğum olmalı. Yani soru, "Kabala'yı nasıl keşfettiniz?" değil, "Neden Kabala ile ilgileniyorsunuz?" olmalı.

Hâlâ çocukluk çağındayken, tıpkı bir çok insan gibi, neden var olduğum sorusunu sordum. Bu soru, dünyevi zevklerin peşinde koşarak bu soruyu bastırmadığım anlarda sürekli beni rahatsız ediyordu. Bununla beraber, bu soruyu defalarca suni şeylerle, örneğin ilginç bir meslek edinip kendimi yıllarca işime adayarak ya da uzun yıllar peşinde koştuğum kendi ülkeme göç etmekle bastırmaya çalıştım.

1974 yılında İsrail'e geldiğimde de hayatın manası nedir sorusuyla hâlâ boğuşuyordum; yaşamaya değecek bir neden bulmaya çalıştım. Elimdeki imkânları kullanarak eski konuları (politika, iş hayatı vs) farklı yorumlarla ele alıp herkes gibi olmaya çalışsam da hâlâ bu ısrarlı soruyu silip atamıyordum: Hangi nedenden dolayı tüm bu şeyleri yapmaya devam ediyorum? Diğer herkese benzeyerek ne elde ediyorum?

Maddi ve manevi zorlukların etkisiyle beraber realiteyle başa çıkamayacağımın farkına varmam 1976 yılında beni dindar bir hayat yaşamaya getirdi, ümidim bu hayat tarzının bana daha uygun düşünceler ve fikirler getireceği ve yapıma daha uygun olacağı inancıydı.

Hiçbir zaman insanlığa özel bir meylim olmadı, sosyal bilimler, psikoloji ya da Dostoyevski'nin derinliğinin değerini ölçecek bir ilgiye sahip değildim. Sosyal bilimlerdeki tüm ilgim hep alelâde seviyedeydi. Belli bir düşünce ya da hissin derinliğinden kaynaklanmıyordu.

Buna rağmen, çocukluğumun erken dönemlerinden beri bilime güçlü bir çekim hissediyordum ve sanırım bu bana çok faydalı oldu.

1978 yılında tesadüfen Kabala dersleri için bir reklam gördüm. Hemen gidip kayıt yaptırdım ve doğamın geleneksel heyecanıyla Kabala'ya daldım. Bir çok kitap aldım ve bazen haftalarımı bile alsa cevaplar bulabilmek için bu kitapları derinlemesine çalışmaya başladım.

Hayatımda ilk kez böylesine derinden, özümden etkilenmiştim ve anladım ki benim ilgi alanım buydu çünkü yıllardır kafamı karıştıran konuların hepsiyle ilgileniyordu.

Gerçek bir öğretmen aramaya başladım, tüm ülkeyi dolandım ve bir çok yerde derslere katıldım. Ama içimden bir ses sürekli esas Kabala'nın bu olmadığını söylüyordu, çünkü benden değil soyut ve uzak şeylerden bahsediyordu.

Tüm bulduğum hocaları terk ettikten sonra bana yakın bir arkadaşımın da Kabala'ya ilgi duymasını sağladım. Akşamlarımızı birlikte, bulabildiğimiz tüm Kabala kitaplarını çalışarak geçirirdik. Bu aylarca sürdü.

1980 yılında soğuk, yağmurlu bir kış gecesi, Pardes Rimonim ve Tal Orot kitaplarını çalışmak yerine, çaresizlikten, kendimi de şaşırtacak şekilde arkadaşıma Bney-Barak şehrine gidip bir hoca arayalım dedim.

Orada bir hoca bulursak derslere katılmak bizim için uygun olur diye de teklifimi haklı çıkarmaya çalıştım. O güne kadar Bney-Barak şehrini sadece birkaç kere Kabala kitapları ararken ziyaret etmiştim.

O gece Bney-Barak soğuk, rüzgarlı ve yağmurluydu. Kabalist Akiva ve Hazon-İsh dört yoluna geldiğimizde camı indirip sokağın öteki tarafında uzun siyah palto giymiş bir adama seslendim: "Buralarda nerede Kabala çalışırlar bana söyler misin?" Dinci bir mahallenin ne tür bir atmosferi olduğunu bilmeyenler için bu sorunun kulağa çok garip geleceğini söyleyebilirim. Kabala hiçbir dini eğitim okulunda öğretilmiyordu. Hatta Kabala'ya ilgi duyduğunu başkasına söyleyecek kişiler bile bulmak mümkün değildi. Ancak sokağın karşı tarafında duran bu yabancı, sanki hiç şaşırmamışçasına bana cevap verdi: "Sola dön ve turunç bahçelerine gelene kadar devam et, orada bir bina var. Orada Kabala öğretiyorlar."

Tarif edilen yere geldiğimizde karanlık bir bina bulduk. İçeriye girdiğimizde yan bir odada uzun bir masa gördük. Masada dört beş tane uzun ak sakallı adam vardı. Kendimi tanıttım ve Rehovot'tan geldiğimizi söyleyip Kabala çalışmak istediğimizi ekledim. Masanın başında oturan yaşlı adam bizi katılmaya davet etti ve ders bittikten sonra konuşuruz dedi.

Sonra ders Zohar Kitabı'ndan Sulam tefsiriyle bir bölüm okuyarak, yarı Aşkenazi (Yidiş) dili mırıldanarak ve sadece yarı bakışlarla insanların birbirlerini anladığı bir ortamda devam etti.

Bu insanları görüp dinledikten sonra sadece yaşlılıklarını geçirmek için bir araya gelen bir grup adam sandım, henüz akşam fazla geç değildi ve Kabala çalışabileceğimiz bir yer daha bulmak için zamanımız vardı. Ama arkadaşım beni durdurdu ve bu kadar kaba davranmamın uygun olmadığını söyledi. Birkaç dakika sonra da ders sona ermişti ve yaşlı adam kim olduğumuzu öğrendikten sonra telefon numaralarımızı istedi. Bizim için uygun bir hocanın kim olabileceğini düşünüp haber vereceğini söyledi. Bunun da çabamızı daha önceleri gibi boşa harcamaktan başka bir şey olmayacağını düşündüğümden telefon numaramı vermekte biraz çekingendim. Benim tereddüdümü hisseden arkadaşım kendi numarasını verdi. Ve iyi akşamlar diyerek oradan ayrıldık.

Ertesi akşam arkadaşım evime geldi ve yaşlı adamın kendisini arayıp bize bir hoca ayarladığını ve hatta ilk dersin o akşam olduğunu söyledi. Bir geceyi tekrar boşa geçirmek istemiyordum ama arkadaşımın arzusuna boyun eğdim.

Tekrar oraya gittik. Yaşlı adam bir başkasını çağırdı, kendisinden biraz daha genç fakat onun gibi beyaz sakallı biri; genç adama Yidiş dilinde birkaç kelime söyledi ve ayrılarak bizi yalnız bıraktı. Hocamız hemen oturup çalışmaya başlayalım dedi. Bir makale ile başlamayı tavsiye etti "Kabala'ya Giriş"; ben ve arkadaşım bu makaleyi daha önce defalarca anlamaya çalışmıştık.

Boş odadaki masalardan birine oturduk. Bizlere her paragrafı açıklayarak tek tek okumaya başladı. O anı hatırlamak benim için her zaman çok zordur; yıllarca arayıp da hiçbir yerde bulamadıktan sonra sonunda aradığımı bulduğuma dair keskin bir his vardı içimde. Dersin sonunda bir sonraki gün için ders ayarladık.

Ertesi gün bir kayıt cihazıyla geldim. Esas derslerin her sabah saat 3 ile 6 arasında olduğunu öğrendikten sonra, her gece gelmeye başladık. Ayrıca her ay yeni ayı kutlama yemeklerine de katılmaya başladık ve herkes gibi merkezin masraflarına katkıda bulunup aylık ödemelerimizi yapmaya başladık.

Her şeyi ille de kendim keşfedeceğim arzusuyla genellikle de biraz agresif olarak sık sık tartışmalara girdim. Ve bizlerle olan tüm olaylar grubun hocasına hep gidiyordu ve o da bizler hakkında sürekli soru soruyormuş. Bir gün bizim hocamız sabah dersinden sonra saat 7 gibi grubun büyük hocasının benimle "Zohar Kitabı'na Giriş" kitabını çalışabileceğini söyledi. Ancak, birkaç ders sonra benim bu derslerden hiçbir şey anlamadığımı görünce, kendi hocam aracılığıyla bu derslerin durdurulacağını söyledi.

Hiçbir şey anlamamama rağmen onunla çalışmaya devam etmeye razıydım. İçsel anlamlarına inebilme ihtiyacının dürtüsüyle, sadece mekanik olarak okumaya bile hazırdım. Çok alınmama rağmen zamanımın gelmediğini bilmiş olsa gerek ki dersleri sona erdirdi.

Aradan altı yedi ay geçti ve bizim hocamız vasıtasıyla büyük hocamız onu arabamla doktora götürüp götüremeyeceğimi sormuş. Elbette hemen kabul ettim. Yolda bana bir çok konudan bahsetti. Ben ise ona Kabala ile ilgili sorular sormaya çalışıyordum. Ve o yolculukta bana, şu an ben hiçbir şey anlamıyorken benimle her şeyden konuşabileceğini ama gelecekte anlamaya başladıkça benimle bu kadar açık konuşmayacağını söyledi.

Ve aynen söylediği gibi oldu. Yıllarca sorularıma cevap vermedi bana şöyle derdi "Kimden talep edeceğini biliyorsun" yani Yaradan'dan bahsediyordu, "talep et, sor, yalvar, iste, ne istiyorsan yap, her şeyi O'na yönlendir ve her şeyi O'ndan talep et!"

Doktor ziyaretlerimiz pek bir işe yaramadı ve kendisini kulak iltihabından koca bir ay hastaneye yatırmak zorunda kaldık. Bu zamana kadar hocamı bir çok kez doktora götürdüm; ve hastaneye alındığı gün geceyi onun yanında geçirmeye karar verdim. Tüm bir ay boyunca hastaneye sabah 4'de gelir, telleri tırmanır, görünmeden binaya girerdim ve çalışmaya başlardık. Tüm bir ay boyunca! O zamandan sonra Kabalist Baruh Şalom Halevi Aşlag, Baal HaSulam'ın en büyük oğlu, benim hocam oldu.

Hastaneden ayrıldıktan sonra, sık sık parklara uzun yürüyüşlere gittik. Bu yürüyüşlerden döndükten sonra duyduğum her şeyi harıl harıl yazardım. Bu sık yürüyüşler her gün üç dört saat sürerdi ve zaman içinde alışkanlık oldu.

İlk iki yıl boyunca hocama sürekli daha yakına taşınabilir miyim diye sordum, ama yakında oturmamın bir gereklilik olmadığını hatta Rehovot'a gidiş gelişlerimin manevi çalışma açısından çaba olduğunu söyledi. Ancak, iki yıl sonra hocam yakına taşınmamı ve Bney-Barak'ta yaşamamı kendisi tavsiye etti ve nedendir bilinmez pek bir acelem yoktu. O kadar yavaş hareket ediyordum ki bu konuda, hocam gidip benim için kendisine yakın bir apartman dairesi buldu ve taşınmamı söyledi.

Hâlâ Rehovot'ta yaşarken hocama daha önce katıldığım bir merkezde Kabala çalışmaya teşebbüs eden birkaç kişiye ders verebilir miyim diye sordum. Bu haberi fazla heyecanlı karşılamasa da daha sonraları derslerimin nasıl gittiğini sordu. Kendisine Bney-Barak'taki grubumuza yeni kişileri davet edebileceğimi söylediğim zaman kabul etti.

Sonuç olarak bir çok genç erkek grubumuza katıldı ve birden tüm merkez cıvıl cıvıl hayat dolu bir yer oldu. İlk altı ayda yaklaşık on kadar düğün oldu. Hocamın hayatı ve günleri sanki yeni bir anlam kazanmıştı. Birçok insanın Kabala çalışmak istediğini görmesi kendisini çok memnun etmişti.

Günümüz genellikle sabah saat 3'de başlardı ve sabah saat 6'ya kadar çalışırdık. Her gün sabah saat 9'dan 12'ye kadar parka yürüyüşe ya da denize giderdik.

Döndükten sonra ben evime çalışmaya giderdim. Sonra tekrar eve giderdim ve sabah saat 3'de tekrar derse katılırdım. Bu şekilde yıllarca devam ettik. Tüm dersleri kasete kayıt ederdim, derslerin kayıtları bini geçti.

Son beş yılımızda, 1987'den itibaren, hocam beraber Tiberias'a yolculuk etmemizin iyi olacağını söyledi ve her iki haftada bir iki günlüğüne Tiberias'a giderdik. Bizi herkesten ayıran bu geziler aramızda bir yakınlaşmaya sebep oldu. Ama zamanla aramızdaki manevi algılayışın farkından kaynaklanan mesafe içimde giderek büyümeye başladı ve bu mesafeyi nasıl kapatacağımı bir türlü bilemedim. Bu mesafeyi, o yaşlı adamın her defasında fiziksel bir ihtiyacı nasıl geri çevirerek mutlu olduğunu net olarak algılayabildiğimde görebiliyordum.

Onun için sonucun net olduğu bir şey kanundu, ister yorgun olsun ister hasta günlük çalışma programı son derece disiplinli uygulanıyordu. Yorgunluktan yığılacak bile olsa günün gerekli olan tüm planını her detayıyla eksiksiz yerine getirirdi ve üstlendiği hiçbir şeyi tam halletmeden bırakmazdı. Yorgunluktan nefessiz kalıp, nefes darlığı çekmesine rağmen bir dersini bile atlatmaz, sorumluluğunu hiçbir zaman bir başkasına devretmezdi.

Onun bu olağanüstü gücünün, amacının yüceliğinden ve Yaradan'dan geldiğini bilmeme rağmen, onu sürekli böyle gördüğümde kendime olan güvenim sarsılır ve başarılı olma ihtimalimin olmadığını düşünürdüm.

Onunla T'veria ve Meron dağına yaptığımız gezilerin bir anını bile unutmam mümkün değil. Uzun geceler onun karşısında oturur, bakışlarını, sözlerini ve mırıldandığı şarkıları içime alırdım. Bu hatıralar içimde hâlâ yaşıyor ve bugün bile benim yolumu belirleyip rehberlik ediyorlar. On iki yıl boyunca her gün bire bir çalışmamızdan içimde kalan tüm bilgi, bağımsız olarak yaşıyor ve işliyor.

Sık sık hocam bir konuşmasından sonra çok alakasız bir cümle söylerdi ve bunu bu cümlelerin dünyaya girip yaşaması ve işlevlerini yerine getirdiğinden emin olmak için yaptığını söylerdi.

Grup çalışması Kabalistler tarafından çok eski zamanlardan beri yapılmaktadır ve ben de hocamdan yeni gelenlerden böyle gruplar oluşturmasını ve bu grupların bir araya gelmelerini düzenleyecek yazılı bir plan talep ettim. Bu şekilde haftalık makale yazmaya başladı ve hayatının son günlerine kadar da devam etti.

Sonuç olarak bizlere kendisinden sonra bir araya getirdiğimiz bir çok ciltlik muazzam materyal kaldı ve yıllar boyunca biriktirdiğim kayıtlarla birlikte, Kabala ilmi üzerine çok geniş kapsamlı anlatımlar oluşturduk.

Yeni yıl kutlamaları esnasında, hocam aniden göğsündeki bir baskıdan dolayı rahatsızlandı. Ancak çok yoğun ısrardan sonra tıbbi bakıma girdi. Doktorlar kendisinde hiçbir hastalık ya da rahatsızlık bulamadılar, ama Tişrei ayının beşinci gününde 5752 (1991) yılında vefat etti.

Son yıllarda gruba katılan bir çok öğrenci hâlâ Kabala çalışmaya devam etmekte ve yaratılışın içsel anlamını araştırmaktadır. Öğreti yaşamaya devam etmektedir, tıpkı geçmiş yüz yıllarda olduğu gibi. Kabalist Yehuda Aşlag ve onun büyük oğlu, hocam Kabalist Baruh Aşlag, çabalarıyla bu öğretiyi bizim neslimizin ve zamanımızda dünyamıza inen ruhların ihtiyacına göre uyarladılar.

Manevi bilgi Kabaliste Yukarıdan kelimeler olmadan aktarılır ve tüm duyu organları ve akıl tarafından eş zamanlı algılanır. Dolayısıyla, bütünüyle anında algılanır.

Bu bilgi sadece bir Kabalistten, ya aynı ya da daha Üst Seviyedeki bir başka Kabaliste aktarılabilir. Aynı bilgiyi henüz o manevi seviyeye ya da manevi dünyaya gelmemiş bir insana aktarmak mümkün değildir, çünkü bu kişi gerekli algıdan yoksundur.

Bazen bir hoca kendi perdesiyle (Masah) öğrencisini geçici olarak kendi bulunduğu manevi seviyeye çekebilir. Bu durumda, öğrenci manevi güçlerin ve hareketlerin özüyle ilgili bir nosyon edinebilir.

Manevi dünyaya henüz geçmemiş bir kişi için standart bilgi aktarım yöntemleri uygulanır: yazılar, sözlü anlatım, direkt iletişim, kişisel örnek vs.

"Yaradan'ın İsimleri" adlı makaleden de bildiğimiz gibi harflerin tarifi anlamının ötesinde bir şey, yani içsel manevi mesajı aktarmak için kullanılabilir. Ancak kişi manevi anlamlarına tekabül eden algıları edinmediği sürece, kelimeleri okumak masaya boş tabaklar koymak ve yanlarına güzel yemeklerin isimlerini yazmak gibidir.

Müzik daha soyut bir şekilde bilgi aktarmaktadır. Bizim dünyamızı yöneten ve yedi kısımdan ya da Sefirot'tan oluşan manevi varlık "Atsilut'un Partsuf Zer Anpin'i" gerçeğinin ışığı altında, tıpkı görünebilen bir ışık gibi, yedi temel güç -nitelik- tondadır.

Bulunduğu duruma göre, kişi müziği besteleyen Kabalistin manevi koşullarını çıkarabilir. Bu kişi melodiyi oluşturan Kabalistle aynı seviyede olmak zorunda değildir; içsel manasını kişisel manevi derecesinin mümkün kıldığı kadarıyla kavrayabilir.

1996, 1998 ve 2000 yıllarında Baal HaSulam ve Rabaş'a ait üç müzik diski kaydedilmiş ve çıkartılmıştır. Melodiler Kabalist Laitman'ın hocası Kabalist Aşlag'dan duyduğu şekilde sunulmuştur. Sözlere ek olarak, melodilerin sesleri de bir çok Kabalistik bilgi taşımaktadır.

Kabala Bilimi - Herkes İçin Manevi İlim Kitabı

Çağımızın büyük Kabalistlerinden Yehuda Aşlag ve onun oğlu ve varisi Baruh Şalom Aşlag, yaşamın temel sorusuna cevap getirir: Hayatımın anlamı ne? Zohar ve Yaşam Ağacı kitaplarının yorumlarına dayandırılan bu kitapla günlük yaşamda Kabala ilminden nasıl faydalanacağımızı öğreniriz. Büyük Kabalistlerin otantik metinlerine ilave olarak, bu kitap, bu metinlerin anlaşılmasını sağlayan pek çok yardımcı makaleyle birlikte, Kabalistlerin deneyimlediği Üst Dünyaların evrimini betimleyen çizimlerden oluşur.

Kabala Bilimi kitabında, Baruh Aşlag'ın kişisel asistanı ve baş öğrencisi Michael Laitman, manevi dünyaları edinmeyi amaçlayan Kabala öğrencileri için kadim makaleleri uyarlamıştır. Laitman günlük derslerini bu ilham verici makalelere dayandırarak, Üst Alemlere muhteşem yolculuğumuzda izleyeceğimiz manevi yolu daha iyi anlamamız için bizlere yardımcı olur.

Merdivenin Sahibi

İnsanlık tarihinin en yıkıcı çağının şafağında, 20. yüzyılda, gizemli bir adam insanlık ve onun acılarının alışılmadık çözümüyle, sosyo-politik arenada ortaya çıktı. Kabalist Yehuda Ashlag, yazılarında açıklıkla ve tüm detaylarıyla öngördüğü savaşları, karışıklıkları ve daha çarpıcı olarak da bugün yüz yüze kaldığımız ekonomik, politik ve sosyal krizi anlattı. Birleşmiş bir insanlık için duyduğu derin özlem, onu Zohar Kitabını açmaya -ondaki eşsiz gücü- herkes için ulaşılabilir yapmaya zorladı.

Kabalist, kabala, maneviyat, özgür seçim ve realitenin algısıyla ilgili bildiğinizi düşündüğünüz her şeye arkasını dönen, sinematik bir romandır. En yüksek edinim derecesine ulaşmış, tüm realiteye hükmeden tek güçle direkt temas içindeki insanın, hissiyatını ve içsel çalışmasını aktarmaya çalışan kendi türündeki ilk romanıdır.

Kabalist, bilimsel bir açıklık ve şiirsel bir derinlikle birlik mesajı verir. Dinin, milliyetin, mistisizmin, uzay ve zamanın şeffaf yapısının ötesine geçerek, bize tüm insanlıkla beraber doğayla ahenk içinde olduğumuzda, tek mucizenin içimizdeki mucize olduğunu gösterir. Bize hepimizin Kabalist olabileceğini gösterir.

Ölümsüz Kitabın Sırları

Musa'nın beş kitabı, tüm zamanların en çok satan kitabı Tora'nın parçasıdır. Bu şekliyle Tora, şifreli bir metindir. Masalların ve efsanelerin altında, insanlığın en yüksek seviyeye doğru yükselişini— Yaradan'ın edinimi- anlatan bir alt metin saklıdır.

Ölümsüz Kitabın Sırları, Tora'nın Yaratılış ve İsrail Halkının Mısır'dan sürgünü hikayeleri gibi en gizemli ve sıklıkla alıntı yapılan dönemlerinin şifresini çözer. Yazarın enerjik ve kolay anlaşılır üslubu, insanın kendi dünyasını sadece arzu ve niyetle değiştirebildiği realitenin en derin seviyelerine, mükemmel bir giriş yapmanızı sağlar.

Kitabı okurken Tora'da anlatıldığı gibi olmuş veya olmamış fiziksel olayların seviyesinin ötesine geçiş yapacaksınız. İçinizde Firavun, Musa, Adem, Havva, hatta Habil ve Kabil'in olduğunu keşfedeceksiniz. Onların hepsi sizin bir parçanız. Onları içinizde keşfettikçe ve Ölümsüz Sevgiye, Yaradan'ın edinimine doğru ilerledikçe, bu gizli realitenin muhteşem hazineleriyle bizi ödüllendiren Yaradan'ın sonsuz sevgisini de keşfedeceksiniz.

Kişisel Çıkar Özgeciliğe Karşı

Bu kelimelerin yazıldığı zaman, dünya hala İkinci Dünya Savaşından beri en uzun gerileme sürecini geçiriyor. Tüm dünyada on milyonlarca insan, işlerini, birikimlerini, evlerini ve en önemlisi gelecekleri için olan ümitlerini kaybettiler.

Ancak krizler tarih boyunca sürekli olağandı. Bu krizi geçmiş krizlere kıyasla farklı kılan insanoğlunun şu anki gerginliğinin yapısıdır. Toplumumuz çatışma içeren iki uç noktaya doğru çekilmiştir – bir taraftan globalleşme ile gelen bağımlılık ve öteki taraftan da giderek büyüyen kişisel, sosyal ve politik narsizm. Bu koşul dünyanın daha önce hiç görmediği bir felaketin oluşumu!

Bu karanlık geleceğin önüne geçebilmek için, Kişisel Çıkar Özgeciliğe Karşı, bu dönemde dünyanın önünde bulunan sorunlarına yeni bir perspektif getirerek, insanoğlunun bir dizi hatasına bağlamaktansa, gereklilikten büyüyen egoizminin sonucu olarak değerlendirmektedir. Bu anlayışla, kitap egomuzu bastırmak yerine, toplumun iyiliği için kullanmanın gerekliliğini dile getirmektedir.

Kabala ve Bilim

Prof. Michael Laitman eşsiz ve etkileyici bir kişilik: Kabala ve bilimin sentezini anlaşılır bir şekilde gerçekleştiren yetenekli bir bilimadamı

—Daniel Matt, Tanrı ve Big Bang kitabının yazarı: Bilim, maneviyat ve Zohar arasındaki harmoniyi keşfetmek.

Bu gezegendeki geleceğimiz için kritik tercihler yapacağımız bir dönemde, kadim Kabala bilgeliği seçeneklerimizi hem arttırdı hem de yeniledi. Klasik kutsal yazılarda yer alan bilgelik, yüzleşmekte olduğumuz ve önümüze açılan fırsatları taşıyabilmemiz için getirilmeli ve bu mesaj tüm dünyada tüm insanlara ulaşılabilir yapılmalı. Prof. Michael Laitman, diğerlerinden farklı olarak bu çok önemli meydan okumayı başarmaya ve bu tarihi görevi yerine getirmeye yetecek güçtedir.

—Prof. Ervin Laszlo, Kaos Noktası, Bilim ve Akaşik Alan kitabı da dahil 72 kitabın yazar : Herşeyin Birleşik Teorisi

Kadın ve Kabala

Bir arzu sonucu ortaya çıkanı ellerinizde tutuyorsunuz. Birçok kadın bir araya gelerek, yeni gelen bütün kadınlara Kabala çalışmasında yardımcı olabilmek için bu kitapçık üzerinde çalıştı. Toplanan soruların tümü Bney Baruh Kabala Eğitim Merkezine yeni başlamış olan kadın öğrencilerin sordukları sorulardan olulmaktadır. Cevaplar Dr. Laitman'ın kitaplarından, derslerinden ve konuşmalarından alınmıştır. Sorulan sorular bizim maneviyatı edinmek isteme ihtiyacımızdan ortaya çıkmıştır: bizler buna açız, kalplerimiz bunun ağırlığında haykırıyor. Bizler kendimizi her şeyi yapabilecek duruma hazır, amaca doğru erkeklerimizi desteklemeye hazır buluyoruz.

Dr. Laitman bize der ki: "Kadınların karşılıklı sorumluluk hissiyatı içerisinde erkekleri uyandırmak ve onları bir araya getirmek için bağ kurmaları gerekir ki, erkekler birbirleri ile bağ kursunlar ve bu birlik sayesinde maneviyata erişsinler. Daha sonra erkekler arasındaki bu bağ ve karşılıklı sorumluluk sayesinde maneviyat kadınlara da geçecektir. Bunun sonucunda herkes bir bütün olacaktır –ulusun erkek ve dişi parçası veya bütün insanlığın."

Işığın Tadı

"Bu nesilde bulunduğum için mutluyum zira artık Kabala Bilgeliğini yaymak mümkün."

Kabalist Yehuda Aşlag – Baal HaSulam

Binlerce yılın sonunda gizli olan Kabala Bilgeliği bizim neslimizde ifşa olmaya başladı. "Işığın Tadı" adlı bu kitap bilgeliğin üzerine bir pencere açmakta. Kitap, günümüzün her bireyi için ilk defa duygularında tadacağı bir lezzet ve kalplerinde yoğun bir anlayış sağlayacaktır.

Bu kitap neslimizin en yüce kabalisti Dr. Michael Laitman'ın her sabah verdiği canlı derslerden derlenmiştir.

Kabalanın Sesi

Bizim neslimizin en sonuncusu olan Büyük Kabalist Baruh Aşlag'ın öğrencisi ve kişisel asistanı olmak benim için çok büyük bir ayrıcalıktır. Basitçe söylemek gerekirse, tüm içtenlik ve sevgimle ondan öğrendiklerimi okuyucularla paylaşmaktan çok mutlu olacağım.

Dr. Michael Laitman

Kabala'nin Sesi, Kabala makalelerinden seçilerek ve derlenerek hazırlanmış olup, bu otantik bilgeliğin zengin ve tam bir mozaiğini meydana getiren on bölümden oluşmaktadır.

Bir Demet Başak Gibi

Neden Birlik ve Karşılıklı Sorumluluk Bu Zamanın Çağrısıdır

Bu kitap, bazı Yahudilerin en ürkütücü ve gizemli sorularına ışık tutar: Bu gezegendeki rolümüz nedir? Bizler gerçekten "seçilmiş insanlar mıyız?" Eğer öyle isek, ne için seçildik? Anti-Semitizme neden olan nedir ve bu iyileştirilebilir mi?

Tüm zamanların Yahudi tarihçileri ve bilgelerinin sayısız referansının kullanıldığı bu kitap, Yahudilerin ulaşmak istediği ama bir o kadarda tanımlaması zor hedefini yerine getirmek için bir yol haritası sunar: sosyal bağlılık ve birlik. Gerçekte birlik, yalnızca Yahudilerin bunu sabırsızlıkla bekleyen dünyaya vereceği bir hediyedir.

Birlik olduğumuzda ve bunu tüm dünyayla paylaştığımızda huzur, kardeş sevgisi ve mutluluk tüm dünyada sonsuza kadar hüküm sürer.

Kabalaya Uyanış

Dünyanız değişmeye hazır. Bu neslin en büyük Kabalistinin rehberliğinde sizde bunu gerçekleştirin. Micheal Laitman, Kabalayı Yaradan'a yaklaşmayı sağlayan bir bilim olarak görür. Kabala yaratılış sistemini, Yaradan'ın bu sistemi nasıl yönettiğini ve yaratılışın bu seviyeye nasıl yükseleceğini çalışır. Kabala manevi doyuma ulaşma metodudur. Kabala çalışması ile siz de kalbinizi ve sonuç olarak yaşamınız başarıya, huzura ve mutluluğa doğru nasıl yönlendireceğinizi öğrenirsiniz.

Kadim ilim geleneğine bu farklı, özel ve hayranlık uyandıran girişiyle büyük Kabalist Baruh Aşlag (Rabaş)'ın öğrencisi Laitman bu kitapta, size Kabalanın temel öğretilerinin derin anlayışını ve bu ilmi başkalarıyla ve etrafınızdaki dünyayla ilişkilerinizi netleştirmek için nasıl kullanacağınızı anlatır. Hem bilimsel hem de şiirsel bir dil kullanarak, maneviyatın ve varoluşun en önemli sorularını araştırır:

Hayatımın anlamı ne? Neden dünyada keder var? Reenkarnasyon manevi yaşamın bir parçası mı? Mümkün olan en iyi varoluş aşamasını nasıl edinebilirim?

Bu eşsiz rehber, dünyanın ötesini ve günlük hayatın sınırlamalarını görmeniz, Yaradan'a yaklaşmanız ve ruhun derinliklerine ulaşmanız için size ilham verecek.

Erdemliliğin Yolu

Bugün Kabala Bilgeliğinin insanlığa bir mesajı var:

Günümüzün sorunlarını ancak birlik ve beraberlikle çözüme ulaştırabiliriz. Problemler raslantısal değil, onları gözardı etmemeliyiz. Dahası, oluşan durumu doğru bir biçimde değerlendirebilirsek hayatımız yeni, mutluluk ve sükunet dolu bir yöne akmaya başlayacaktır. Gelişi güzel değil, gayet bilinçli bir şekilde yaşamımıza yön verebiliriz.

Üst Dünyaları Edinmek

Micheal Laitman'ın sözleriyle, "Özü tam bir özgecilik ve sevgi olan manevi nitelikleri anlamak, insan idrakinin ötesindedir. Bunun sebebi insanoğlunun bu tip hislerin var olabileceğini kavrayamaması ve herhangi bir eylemi yerine getirmek için teşvik bekleyip, kişisel kazanç olmadan kendini büyütmeye hazır olmamasından kaynaklanmaktadır. Bu sebeple özgecilik gibi bir nitelik, insana Üstten verilir ve sadece deneyimleyenler bunu anlayabilir."

Üst Dünyaları Edinmek, yaşamımızda manevi yükselişin muhteşem doyumunu keşfetmemize olanak sağlayan ilk adımdır. Bu kitap, sorularına cevap arayan ve dünya fenomenini anlamak için güvenilir ve akılcı bir yol arayan tüm insanlar içindir. Kabala ilmine bu muhteşem giriş, aklı aydınlatacak, kalbi canlandıracak ve okuyucuyu ruhunun derinliklerine götürecek olan farkındalığı sağlar.

Zoharın Kilidini Açmak

Zohar Kitabı(Aydınlığın Kitabı), şimdiye kadar yazılmış en gizemli ve yanlış anlaşılan yapıtlardan biridir. Yıllar boyunca kendinde uyandırdığı hayranlık, şaşkınlık ve hatta korku emsalsizdir. Bu kitap tüm Yaratılışın sırlarını içermesine rağmen, bugüne kadar bu sırların üzeri bir gizem bulutuyla örtülmüştür.

Şimdi Zohar, insanlığa yol göstermek için ilmini tüm dünyanın gözleri önüne sermektedir, şöyle yazıldığı gibi (VaYera, madde 460), "Mesih'in günleri yaklaştıkça, çocuklar bile ilmin sırlarını keşfedecek." 20. Yüzyılın büyük Kabalistlerinden Yehuda Aşlag (1884-1954), bize Zohar'ın sırlarını açığa çıkaracak yepyeni bir yol göstermiştir. Bu yüce Kabalist, yaşamlarımıza hükmeden güçleri bilmemize yardım edecek ve kaderimize nasıl hükmedeceğimizi öğretecek, Zohar Kitabına giriş niteliğindeki dört kitabı ve Sulam (Merdiven) Tefsirini yazmıştır.

Zohar'ın Kilidini Açmak, üst dünyalara nihai yolculuğun davetiyesidir. Kabalist Dr. Michael Laitman, bilgece bizi Sulam Tefsirinin ifşasına götürür. Bu şekilde Laitman, düşüncelerimizi düzenlemekte ve kitabı okumaktan kaynaklanan manevi kazancımızı arttırmaktadır. Zohar Kitabıyla ilgili açıklamaların yanı sıra kitap, bu güçlü metnin kolay anlaşılması ve okunmasını sağlayan, özenle çevrilmiş ve derlenmiş Zohar kaynaklı sayısız ilham verici alıntıya da yer vermiştir.

Kalpteki Nokta

Hayatın elimizden kayıp gittiğini hissettiğimizde, toparlanmak için zamana ihtiyacınız olduğunda ve düşüncelerinizle baş başa kalmak istediğinizde, bu kitap içinizdeki pusulayı yeniden keşfetmenize yardım edecek. Kalpteki Nokta, ilmi sayesinde tüm dünyada ve Kuzey Amerika'da kendini ona adamış öğrenciler kazanmış bu insanın makalelerinden oluşan eşsiz bir kitaptır. Dr. Michael Laitman bir bilim adamı, Kabalist ve büyük saygı uyandırarak kadim ilmi temsil eden büyük bir düşünürdür. Bu fırtınalı günlerde popüler www.kabbalah.info sitesi vasıtasıyla, gerçeği ve sonsuz huzuru arayanlar için umut ışığı olmaktadır.

Açık Kitap

Bu kitap çok temel görünse de, Kabala'nın temel bilgisini ifade eden bir kitap olma niyetini taşımıyor. Daha ziyade, okuyucuların Kabala kavramlarına, manevi nesnelere ve manevi terimlere yaklaşımını ilerletmeye yardım içindir.

Kişi bu kitabı defalarca okuyarak içsel görüş ve duyu geliştirir ve daha önce içinde var olmayana yaklaşır. Bu yeni edinilen görüşler, sıradan duyularımızdan gizlenmiş olan boşluğu hisseden algılayıcılar gibidirler.

Dolayısıyla, bu kitap manevi terimlerin düşüncesini geliştirmeye yardım amaçlıdır. Bu terimlerle bütünleştiğimiz ölçüde, tıpkı bir sisin kalktığı gibi, etrafımızı saran manevi yapının ortaya çıkışını içsel gücümüzle görmeye başlayabiliriz.

Yine, bu kitap olguların çalışılmasını hedeflememiştir. Bunun yerine, yeni başlayanların sahip oldukları en derin ve en güç algılanan hisleri uyandırmak için yazılmış bir kitaptır.

Dost Sevgisi

Grubun Amacı

Burada, Baal HaSulam'ın yolunu ve metodunu takip etmek isteyen herkes, bir grup olmak için bir araya geldik ki hayvan olarak kalmayalım ve insan denilen varlığın derecelerinde yükselelim.

Rabaş'ın Yazıları, 1. Bölüm, "Topluluğun Amacı"

Erdemliliğin İncileri

Erdemliğin İncileri, tüm nesillerin büyük Kabalistlerinin yazılarından, makalelerinden özellikle de Zohar Kitabının Sulam(Merdiven) Tefsirinin yazarı Yehuda Aşlag'dan derlenen alıntılardan oluşur. Bu yapıt, kaynağı referans alarak, insan yaşamının her aşamasıyla ilgili Kabalanın yenilikçi kavramlarını açıklar. Kabala çalışmak isteyen herkes için eşsiz bir hediyedir.

İlişkiler

"Bilim ve kültürün gelişiminin yanı sıra, her nesil kendinden sonra gelen nesle, biriktirdiği ortak insanlık tecrübesini aktarır. Bu bellek bir nesilden diğerine, çürümüş bir tohumun enerjisinin yeni bir filize geçmesi gibi geçer. Belleğin aktarımında var olan tek şey, Reşimo veya enerjidir. Maddenin çürümesi gibi, insan bedeni de çürür ve tüm bilgi yükselen ruha aktarılır. Daha sonra bu ruh yeni bedene yerleşir ve bu bilgiyi veya Reşimo"yu hatırlar.

Genç bir çiftin çocuğunun dünyaya gelişinde tohumdan gelen bilgiyle, ölmüş bir insanın ruhunun yeni bir bedene geçerken beraberinde getirdiği bilgi, arasındaki fark nedir? Neticede anne ve baba hayatta ve çocukları da onlarla beraber yaşıyor! Hangi ruhlar, onların çocukları oldu?

Yüzyıllar boyunca tüm uluslar, doğal olarak sahip oldukları tüm bilgiyi miras yoluyla çocuklarına geçirmek için büyük bir arzu duydular. Onlara en iyi ve en değerli olanı aktarmak istediler. Bunu aktarmanın en iyi yolu yetiştirme tarzı, bilgiyi öğretmek, kutsal olduğu düşünülen fiziksel eylemler yöntemi ile düzenli toplum oluşturmaya çalışmak değildir.

Kabalanın Temel Kavramları

Bu kitabı okuyarak kişi daha önce var olmayan içsel alametler geliştirir.

Bu kitap, manevi terimlerin analizini hedefler. Bu terimlere uyumlu olmaya başladıkça, etrafımızı saran manevi yapının tıpkı bir sisin kaybolmaya başlaması gibi örtüsünü açmaya başladığına tanık oluruz.

Kabala kitapları, Baal HaSulam'ın dünyayı kötülüklerden kurtarmanın sadece ıslah metodunu yaymaya bağlı olduğunu belirten yönlendirmelerini izlemeyi amaçlamıştır, tıpkı şöyle dediği gibi, "Eğer gizli olan ilmi kitlelere nasıl yayacağımızı bilirsek, kurtuluşun tam eşiğindeki bir nesil oluruz."

Bu gerçekleştirmenin tek yolu olan Kabala kitaplarını tüm dünyayla paylaşmak olduğunu biliyoruz. Bu sebeple tüm bu kitapları internette ücretsiz olarak yayınlıyoruz. Amacımız her köşeye bu ilmi mümkün olduğunca yaymaktır. Basılmış kitapları pek çok insana ulaştırabilir, onlar vasıtasıyla ilmin başkalarına yayılmasına yardım edebilirsiniz.

Kabalanın İfşası

Kabalaya gizli ilim denilmesinin 3 nedeni vardır. Birincisi kabalistler tarafından özellikle gizlenilmiş olduğundan. Kabalanın insanlara öğretilmesi ilk 4000 yıl kadar öncelerine Hazreti İbrahim'e dayanmaktadır MÖ 1947-1948 yıllarına. Milat tarihinin başlangıcına kadar geçen 2000 yıllık süreçte bu öğreti gizlenmeden halka öğretilmekteydi. Hz İbrahim'in çadırının önünde oturup geçen yolculara gösterdiği misafirperverlik hikâyesini biliyoruz. Sunduğu yiyecek ve içeceklerle birlikte aynı zamanda insanlara bu ilmi anlattığını da biliyoruz. O dönemlerde var olan ruhlar bizim neslimize göre daha arıydılar ve bu öğretiyi daha doğal olarak anlayabildiler.

Kabalanın Gizli Bilgeliği

Artan krizler dünyasında, fırtınanın ortasında bir ışığa, yanlış giden şeylerin nereden kaynaklandığını görmemizi sağlayan ve en önemlisi de dünyamızı ve yaşamlarımızı daha huzurlu ve yaşanabilir kılmak için ne yapmamız gerektiğini öğreten bir rehbere ihtiyacımız var. Bu temel ihtiyaçlar sebebiyle bugün Kabala ilmi milyonlara ifşa olmuştur. Kabala, yaşamı geliştirme metodu olarak düzenlenmiştir. Kabala bir araç ve Kabala İlminin Gizli Bilgeliği bu aracı nasıl kullanacağımızı öğreten bir yöntemdir. Bu rehber, bu kadim bilimi günlük yaşantımıza uyarlamanın yanı sıra, Kabalanın temellerini öğrenmek için ihtiyacınız olan bilgiyi bize sunar.

Kaostan Ahenge

Kaostan Ahenge: Kabala İlmine Göre Küresel Krizin Çözümü, dünyanın bugün içinde bulunduğu endişe verici aşamasına yol açan unsurları açığa çıkarır.

Birçok araştırmacı ve bilim adamının hemfikir olduğu gibi, insanoğlunun sorunlarının kaynağı insan egosudur. Laitman'nın çığır açan yeni kitabı sadece insanlık tarihi boyunca tüm acıların kaynağı olan egonun ifşasını değil, aynı zamanda egolarımıza bağlı olarak, mutluluğa nasıl ulaşacağımızı ve sorunlarımızı nasıl fırsata dönüştüreceğimizi de açıklığa kavuşturur. Kitap iki bölümden oluşur. İlki, insan ruhunun analizi yaparak, ruhun nasıl egonun zehri olduğunu ortaya koyar. Bu kitap mutlu olmak için yapmamız gerekenlerin ve acıya sebep olduğu için kaçınmamız gerekenlerin bir haritasını çizer. Kitap boyunca Laitman'ın insanlık aşamasının analizi bilim kaynaklı veriler, çağdaş ve kadim Kabalistlerinden alınan örneklerle desteklenmiştir.

Kaostan Ahenge yeni bir varoluş aşamasına kolektif olarak yükselmemiz gerektiğini ve bu hedefi kişisel, sosyal, ulusal ve uluslararası seviyede nasıl başaracağımızı gösterir.

Niyetler

Derste otururken, sizinle beraber çalışanlar vasıtasıyla uyanan müşterek ruha bağlı olarak içsel değişimleri deneyimlersiniz. Herkes, siz de dahil, hepimizi birleştiren Kaynağa bağlanır... Beraber çalıştıkça hepimiz birbirimize bağlanmaya çalışırız. En önemli şey, herkesin aynı Kaynağa, aynı düşünceye bağlanmasıdır... Sadece bu güç bizi birbirimize bağlar.

Ruh ve Beden

Zamanın başlangıcından beri insan, varoluşun temel sorusuna cevap aramaktadır: Ben kimim, dünyanın ve benim var olmamızın sebebi ne, öldükten sonra bize ne oluyor? Hayatın anlamı ve amacı ile ilgili sorularımız, gündelik hayatın sınamaları ve acıları, küresel bir boyuta ulaştı – neden acı çekmek zorundayız? Bu sorulara cevap olmadığından, mümkün olan her yöne doğru araştırmalar yapılmaktadır.

Kadim inanç sistemleri, şimdilerde moda olan doğu öğretileri, bu arayışın bir parçasıdır. İnsanlık sürekli olarak varlığının akılcı kanıtını aramaktadır; insan binlerce yıldır doğanın kanunlarını araştırmaktadır.

Kabala bir bilim olarak bunun araştırılmasında bir yöntem öneriyor. Bu yöntem, insanın evrenin gizli olan bölümünü hissetme becerisini geliştirmesine olanak tanıyor. "Kabala" kelimesi "almak" demektir ve insanın en yüksek bilgiyi alma ve dünyayı doğru pencereden görme özlemini ifade eder.

Yarının Çocukları

Yarının Çocukları: 21. Yüzyılda Mutlu Çocuklar Yetiştirmenin Temel Esasları, siz ve çocuklarınız için yeni bir başlangıç olacaktır. Yeniden başlat düğmesine basabilmeyi ve bu sefer doğru olanı yapmayı hayal edin. Hiçbir mücadele, hiçbir sıkıntı ve en iyisi, hiçbir tahmin yok.

Büyük keşif şudur ki çocukları yetiştirmek, tamamen oyunlardan, onlarla oynamaktan, onlarla küçük yetişkinlermiş gibi ilişki kurmaktan ve tüm önemli kararları birlikte almaktan ibarettir. Çocuklara dostluk ve diğer insanların iyiliğini düşünmek gibi olumlu şeyleri öğretmekle, nasıl otomatik olarak günlük hayatınızın diğer alanlarını da etkilediğinizi görünce şaşıracaksınız.

Herhangi bir sayfayı açın ve orada, çocukların yaşamlarına ait her alana dair düşünceleri sorgulatan sözler bulacaksınız: ebeveyn – çocuk ilişkileri, dostluklar ve sürtüşmeler, okullar nasıl tasarlanır ve nasıl işler konusunda açık, net bir tablo. Bu kitap, her yerdeki tüm çocukların mutluluğunu amaç edinerek, çocukların nasıl yetiştirileceğine dair taze bir bakış açısı sunuyor.

Sonsuza Kadar Birlikte

Yani, eğer bir gün siz de kalbinizin derinlerinde, hafif bir "Şak!" hissederseniz, bilin ki şefkatli ve bilge bir sihirbaz size sesleniyor, çünkü sizin dostunuz olmak istiyor.

Ne de olsa, yalnız olmak çok üzücü olabilir.

İNTERNET AĞIMIZ

Ana sitemiz:

http://www.kabala.info.tr/

İlk internet sitemiz olup en temel dokümanların yayınlandığı portal sitemizdir. Kabala hakkında Türkçe olarak yayında olan dünyadaki en büyük doküman arşivi olarak kabul edilebilir.

Dr. Michael Laitman'ın Blog Sitesi:

http://laitman.info.tr/

Hocamız Dr. Michael Laitman'ın günlük derslerinden derlediği kısa makalelerinin yayınlandığı blog sitedir.

Bu blog sitesi şu an 19 dilde yayın yapmaktadır ve Türkiye'deki öğrenci ve dostlarımızın katkılarıyla site Türkçe olarak da yayınlanmaktadır.

Dr. Michael Laitman'ın Eğitim Sitesi:

http://michaellaitman.com/tr/

Bu sitede Dr. Michael Laitman'ın uluslararası kamuoyunda dile getirdiği güncel sorunlara yönelik sunumlarını ve bu konularla ilgili uzmanlarla yaptığı söyleşileri takip edebilirsiniz.

Dr. Laitman, eğitim metodoloji ve uygulamaları ile günümüzde eğitimin geçirdiği en sıkıntılı dönemlerde olumlu değişimi desteklemektedir. Eğitime yeni bir yaklaşım sunarak, bağımlı ve integral dünyada yaşamın gereklilikleri için eğitime yeni bir yaklaşım sunmaktadır.

ARI Enstitü Merkezi:

http://ariresearch.org/tr/

ARI Enstitüsü, kâr amacı olmayan bir organizasyon olarak kurulmuştur. Eğitim uygulamalarına, pozitif değişime yaratıcı fikirler ve çözümlerle, şimdiki neslimizin giderek daha çok ihtiyaç duyduğu eğitim konularına kendini adamış bir organizasyondur. ARI, entegre ve birbirine bağlı yeni dünya düzeninin ve kurallarının farkına varılmasını ve küresel yeni dünyada uygulanmasını yeni bir düşünce yaklaşımı olarak sunmaktadır. İletişim ağları, multimedya kaynak ve aktiviteleriyle, ARI uluslararası ve farklı akademik çalışma grupları arasında işbirliğini desteklemektedir.

Kabala İlmi Eğitim Sitemiz:

http://em.kabala.info.tr/

Bu site internet olanakları kullanılarak en geniş kapsamlı eğitimi insanlara sunmak için yapılmıştır. İnternet ortamında bulunan sınıflar ve dünyanın en geniş kapsamlı Kabalistik metinler kütüphanesi gibi hizmetler sunan Bney Baruh'un tüm çabası, sorularınıza cevaplar bulabileceğiniz ve içinde yaşadığımız dünyayı daha iyi anlayabilmenizi sağlayacak olan bir ortam yaratabilme üzerine yoğunlaşmaktadır. Tüm kurslar ücretsizdir.

Media Arşivi:

http://kabbalahmedia.info/

Bu sitemizde yıllardır işlenmekte olan tüm ders, çalıştay ve söyleşi programlarının video ve MP3 arşivine ücretsiz olarak ulaşabilirsiniz.

Kabala TV Sitesi:

http://kabalatv.info/

Her sabah 03:00 – 06:00 arası yapılan canlı dersleri bu sitenin ana sayfasından takip edebilirsiniz. Ayrıca bu sitede Bney Baruh Kabala Eğitim Merkezi'nin Türkçe dilinde düzenlediği tüm video arşivini inceleyebilirsiniz. Bu sitede ayrıca 24 saat canlı yayın yapan TV odası ve aynı zamanda belirli zamanlarda canlı yayın yapan Radyo odasına ulaşabilirsiniz.

Sviva Tova – İyi Çevre:

http://kabbalahgroup.info/internet/tr/

Bu sitede Bney Baruh dünya topluluğu ile ilgili günlük bildirimleri takip edebilirsiniz. Bu bildirimler sayesinde tüm etkinliklerimizden haberdar olup bu etkinliklere internet üzerinden dâhil olabilirsiniz.

Ari Film:

http://www.arifilms.tv/

Ari Film yapımcılarının Kabala İlmi hakkında gerçekleştirmiş oldukları tüm sinema ve video çalışmalarına bu site aracılığıyla ulaşabilirsiniz.

Kitap Sitemiz:

http://www.kabbalahbooks.info/

30 farklı dilde yayınlanmış tüm kitapları bu sitede inceleyebilirsiniz.

Müzik Sitemiz:

http://musicofkabbalah.com/

Her birimiz müziği farklı algılarız. İki kişinin aynı melodiyi nasıl algıladığını karşılaştırmak mümkün değildir. Kabala, ruhun ilmi, bu nedenden dolayı kişiye özeldir. Kabala ruhun tümüyle açılıp, yaratıldığı zaman içinde mevcut olan mutlak potansiyeline ulaşması için bir yoldur.

Bu sitede yer alan melodiler, çok büyük kabalistlerden biri olan Baal HaSulam ve geçmişteki Kabalistlerin yaptıkları bestelerin farklı değişimleriyle düzenlenmesinden oluşmuştur. Ziyaretçiler ayrıca müzik ve Kabala ile ilgili bazı materyallere bağlantı bulabilirler.

Sosyal Ağlar:

Tüm sosyal ağlarımızın kısa linklerine sitelerimize girerek ulaşabilirsiniz.

Katkı Sunun

Kabala İlmi bir grup çalışmasıdır. Dünya'nın birçok ülkesinde grupları bulunan Bney Baruh Kabala Eğitim Enstitüsü tüm faaliyetlerini öğrencilerinin gönüllü katkıları ile sürdürmektedir. Bu katkılar bireylerin niteliklerine göre değişmektedir. Sitemizde de incelediğiniz gibi Bney Baruh, prensipleri gereği, kullanılabilecek tüm Öğrenim Araçları ile Manevi Bilgi'yi öncesinde hiç bir ön koşul öne sürmeden tüm insanlığa ücretsiz olarak götürmeyi kendisine ilke edinmiştir.

Bu doğrultuda Manevi Dağıtıma katkı sunmak isteyenler **turkish@kabbalah.info** adresine yazarak Bney Baruh ile iletişime geçebilirler.

NOTLARIM

www.ingramcontent.com/pod-product-compliance
Lightning Source LLC
Chambersburg PA
CBHW071454080526
44587CB00014B/2101